新时代江苏文旅融合的数字化创新研究

蔡晓川 著

河海大学出版社
·南京·

图书在版编目(CIP)数据

新时代江苏文旅融合的数字化创新研究 / 蔡晓川著. -- 南京：河海大学出版社，2024.3
　ISBN 978-7-5630-8917-8

Ⅰ. ①新… Ⅱ. ①蔡… Ⅲ. ①地方文化—文化产业—产业发展—研究—江苏②区域旅游—旅游业发展—研究—江苏 Ⅳ. ①G127.53②F592.753

中国国家版本馆 CIP 数据核字（2024）第 059201 号

书　　名	新时代江苏文旅融合的数字化创新研究
书　　号	ISBN 978-7-5630-8917-8
责任编辑	卢蓓蓓
特约编辑	李　阳
特约校对	夏云秋
装帧设计	徐娟娟
出版发行	河海大学出版社
地　　址	南京市西康路 1 号（邮编：210098）
电　　话	(025)83737852(总编室)　(025)83722833(营销部) (025)83786934(编辑部)
经　　销	江苏省新华发行集团有限公司
排　　版	南京布克文化发展有限公司
印　　刷	苏州市古得堡数码印刷有限公司
开　　本	710 毫米×1000 毫米　1/16
印　　张	11.25
字　　数	208 千字
版　　次	2024 年 3 月第 1 版
印　　次	2024 年 3 月第 1 次印刷
定　　价	89.00 元

前言 Preface

习近平总书记指出,"文化产业和旅游产业密不可分,要坚持以文塑旅、以旅彰文,推动文化和旅游融合发展,让人们在领略自然之美中感悟文化之美、陶冶心灵之美。"在总书记指明的方向下,文旅融合展现出前所未有的新趋势与新机遇。

机构改革引领下的文旅新发展

近年来,我国文化和旅游部门的机构合并无疑是一个里程碑式的事件,它标志着文旅融合正式迈入了一个全新的历史阶段。这一改革不仅实现了机构层面的整合,更在深层次上推动了理念、资源和市场的全面融合,为我国文旅产业的蓬勃发展注入了新的活力。机构合并后,文化和旅游部门能够更加高效地协调资源和政策,形成工作合力。这种整合不仅优化了资源配置,还提升了政策制定的针对性和有效性。在机构合并的推动下,文旅产业得以在更广阔的领域和更高层次上实现融合发展,从而为我国经济社会的全面发展提供有力支撑。

文旅融合强调以文化为核心、旅游为载体,实现文化与旅游的相互渗透和相互促进。机构合并使得原本分散在文化和旅游部门的资源得以整合和优化配置,形成了更加丰富和多样化的文旅产品。文旅融合为文旅产业开拓了更广阔的市场空间,满足了消费者日益多元化的需求。随着人们对美好生活的追求不断升级,文旅产业作为满足人们精神文化需求的重要途径之一,其发展潜力巨大。随着机构改革的深入推进,文旅融合展现出了崭新的发展态势。在文旅融合的道路上,数字化技术的迅猛发展成为了强有力的支撑。与此同时,通过大数据、云计算、人工智能等先进技术的应用,文旅服务得以更加便捷、高效和个性化地提供给广大游客。无论是线上预订、智能导览,还是虚拟现实体验,数字化技术都为文旅融合注入了新的活力、开启了新的发展篇章。可以说,机构改革后的文旅融合在优化资源配置、提升服务质量、创新旅游产品等方面展现出了新的趋势和前景,为文化和旅游的深度融合发展奠定了坚实基础。在机构改革和数字化技术的双重驱动下,文旅融合正迎来新的发展机遇。

数字化浪潮下的江苏文旅融合

江苏,作为我国经济繁荣、文化底蕴深厚的省份之一,在文旅融合方面展现出了独特的典型性。这里拥有丰富的文化资源和旅游资源,从苏州的古典园林到南京的明孝陵,每一处都承载着深厚的历史文化内涵,为文旅融合提供了得天独厚的条件。在数字化大趋势的推动下,江苏文旅融合正不断开拓创新。一方面,江苏积极拥抱大数据、云计算、人工智能等前沿技术,将这些技术深度融入文旅服务中,提升了服务的智能化水平。通过数据分析,江苏能够更精准地把握游客的需求和喜好,为他们提供个性化的旅游推荐和定制服务。同时,云计算技术的应用也让文旅服务更加高效便捷,游客可以随时随地享受优质的旅游体验。另一方面,江苏注重线上线下融合,致力于打造具有地方特色的文旅品牌。例如,"江苏文旅云"等平台的建设,不仅为游客提供了丰富的旅游信息和资源,还通过线上线下相结合的方式,为游客带来了更加全面、深入的旅游体验。这些平台不仅展示了江苏丰富的文化旅游资源,还通过互动、分享等方式,让游客更加深入地了解和感受江苏的文化魅力。江苏在文旅融合方面正积极应对数字化大趋势的挑战和机遇,通过不断创新和实践,为游客提供了更加便捷、高效、个性化的旅游体验。这种融合不仅丰富了游客的旅游体验,也为江苏的文化旅游产业发展注入了新的活力和动力。未来,随着数字化技术的不断发展和应用,相信江苏的文旅融合将迎来更加广阔的发展前景。

江苏文旅融合数字化创新的展望

展望未来,江苏文旅融合在数字化创新的推动下,将展现出一片更加广阔的发展前景。随着5G、物联网等新一代信息技术的迅猛发展,江苏文旅融合将更加深入地融入数字化浪潮之中,为游客带来前所未有的便捷与智能体验。高速的网络连接和物联网技术的应用,将使得文旅服务实现实时化、个性化,满足游客多样化的需求。不仅如此,江苏还将进一步推动文旅产业的跨界融合,与教育、体育、农业等领域展开深度合作。通过跨界融合,江苏将打造更多元化、更具特色的文旅产品,为游客带来更加丰富多样的旅游体验。这种融合不仅将拓展文旅产业的边界,还将为相关产业带来新的发展机遇。同时,江苏将积极参与全球文旅竞争与合作,展示中华文化的独特魅力。通过加强国际交流与合作,江苏将推动文旅产业走向世界舞台的中央,成为国际文化旅游的重要目的地。这不仅将提升江苏的国际知名度和影响力,还将为江苏文旅产业的可持续发展注入新的动力。数智赋能在未来将会持续推动江苏文旅体验的升级和发展,同时也为文旅行业的可持续发展提供了新的可能。在数字化转型的过程中江苏需要积极应对可能出现的技术、安全和隐私问题,确保数字化转型能够在保障游客权益和行业安全的前提下顺利进行。

  本人长期在文化系统工作,可以便捷考察江苏现实案例及优秀案例,通过长期的工作实践总结归纳江苏文旅融合及其数字化的经验,在习近平新时代中国特色社会主义思想的指导下探索进一步推进江苏文旅融合数字化发展的有效路径,为"强富美高"新江苏现代化建设新篇章提供绵薄之力。在此,特别感谢河海大学出版社的支持与帮助!

蔡晓川

目录 Contents

第一章　文旅融合的理论阐释 ………………………………… 001
　第一节　文旅融合的背景 ………………………………………… 003
　第二节　文旅融合的理论 ………………………………………… 006
　第三节　文旅融合的政策 ………………………………………… 015

第二章　文旅融合的发展挑战 ………………………………… 021
　第一节　文旅融合意识面临的挑战 ……………………………… 023
　第二节　文旅融合规划面临的挑战 ……………………………… 029
　第三节　文旅融合实践面临的挑战 ……………………………… 034

第三章　江苏文旅融合的发展现状 …………………………… 041
　第一节　江苏文旅融合的总体路径 ……………………………… 043
　第二节　江苏文旅资源的有效整合 ……………………………… 048
　第三节　江苏文旅融合的发展方向 ……………………………… 053

第四章　江苏文旅融合数字化创新的表现形式 ……………… 059
　第一节　数字化平台创新 ………………………………………… 061
　第二节　数字化空间创新 ………………………………………… 067
　第三节　数字化项目创新 ………………………………………… 071
　第四节　数字化制度创新 ………………………………………… 076

第五章　扬州中国大运河博物馆的文旅融合数字化创新 083
第一节　"扬州中国大运河博物馆":一本大运河文化的百科全书 085
第二节　"扬州中国大运河博物馆"特色项目展示 089
第三节　"扬州中国大运河博物馆"所蕴含的深远意义 096

第六章　苏州湾数字艺术馆的沉浸式文旅体验 105
第一节　苏州湾数字艺术馆的发展现状 107
第二节　苏州湾数字艺术馆的数智技术应用 114
第三节　苏州湾数字艺术馆的影响与展望 120

第七章　无锡拈花湾的数智赋能夜间智慧旅游 127
第一节　拈花湾夜间智慧旅游发展现状 129
第二节　拈花湾夜间智慧旅游典型成果 133
第三节　拈花湾夜间智慧旅游的积极成效及推广价值 137

第八章　江苏文旅融合数字化展望 149
第一节　总体理念优化:江苏文旅融合的发展基础 151
第二节　数字公共服务:江苏文旅融合的发展目标 157
第三节　文旅资源整合:江苏文旅融合的发展条件 162
第四节　突出地方特色:江苏文旅融合的发展动力 167

第一章

文旅融合的理论阐释

第一节　文旅融合的背景

改革开放四十余年来,我国的经济总量和经济结构都发生了重大变化。经过数十年的锤炼,我国经济总量稳居世界第二把交椅。同时,截至2021年,我国第三产业增加值达609 680亿元,增长率8.2%,增加值比重占53.3%。这意味着蓬勃的经济发展活力和发展态势在点燃了第三产业增长势头的同时,也让第三产业成为反哺国家经济、扩大国家经济容量的重要支撑。作为第三产业的重要组成部分,旅游业在推动我国宏观经济发展的进程中起到了不可替代的作用。中国旅游研究院的《2020中国旅游集团发展报告》曾预测:未来五年,中国将形成一个百亿旅游人次和十万亿元消费规模的国内旅游超级大市场,保持对国民经济和社会就业10%以上的综合贡献率。这些旅游经济发展的具体数值和指标预示着我国具备了实现文旅融合的宏观经济环境。其次,统一的大市场格局为实现文旅融合打造了优越的市场环境。2022年,中共中央、国务院发布《关于加快建设全国统一大市场的意见》,在持续推动国内市场高效畅通和规模拓展的基础上,充分发挥各地区的比较优势,为文旅融合创造了良好的市场潜力。国内大循环的战略部署也为文旅融合打造了相应的产业集群。以国内大循环为主体,意味着我国将着力打通国内生产、分配、流通、消费的各个环节,发挥出超大规模市场的优势,以满足国内需求作为经济发展的出发点和落脚点。这有利于为文旅融合吸纳多个相关的产业集群,形成统一的大产业格局,并在依托国内文旅市场基础上,构建"产业群—消费群"联动的良性产业结构和文旅消费模式。除此之外,作为实现文旅产业融合的主要载体,各地企业、商会也将根据地方发展特色和历史文化环境,建立起文化和旅游相结合的产业蓝图。如长沙、南京、上海、杭州等一线、新一线城市,便率先凭借丰沃的文化土壤和完备的市场基础设施建设,实现了"影视＋旅游""消费＋旅游"的多重结合,为文旅市场注入新的活力。

文旅融合是适应国家整体战略规划的重要举措。在"十三五"时期,我国文化和旅游产业健康快速发展,文化和旅游产品日渐优质丰富,使得文化和旅游两个领域的发展基础更加稳固,动力活力日益迸发,体制机制不断健全,优势作用逐步显现,加快了文化和旅游相互融合、相互促进的步伐。文化事业和旅游事业成为满足人民美好生活需要、推动高质量发展的重要支撑,在党和国家工作全局中的地位和作用愈加突出。而"十四五"时期则是我国全面建成小康社会、实现第一个百年奋斗目标之后,乘势而上开启全面建设社会主义现代化国家新征程、向第二个百年奋斗目标进军的第一个五年,可以说,我国文化和旅游发展仍然处于重要战略机遇期[①]。早在《中共中央关于全面深化改革若干重大问题的决定》中就明确提出,全面深化改革的总目标是完善和发展中国特色社会主义制度,推进国家治理体系和治理能力现代化。其中,国家治理体系是在党领导下管理国家的制度体系,包括经济、政治、文化、社会、生态文明等多个领域,而国家治理能力则是运用国家制度管理社会各方面事务的能力。实现文旅融合,就是践行国家治理体系和治理能力现代化的选择。一方面,文旅融合是调动国家治理体系相互协作的重要契机,是囊括经济、文化、社会等多个领域的重要战略选择。另一方面,实现文旅融合能够进一步加快国家治理能力的现代化,国家治理能力包括改革、发展、稳定等诸多环节,而文旅融合涉及的不仅包括公共部门机构、私人部门机构的结构性改革,还包括发展产业集群、调整产业内容等具体内容。可以说,文旅融合是彰显国家治理能力现代化的真实样本。综上,在国家治理体系和治理能力现代化的总目标这一背景下,文旅融合也催生出了新的融合路径,将步入新的融合阶段。

国家机构的结构性改革也为文旅融合提供了契机。中国旅游研究院研究员宋子千曾言,2019年以来,国务院以及文化和旅游部出台系列政策文件等,是对党中央部署的贯彻落实,必要而且及时。同时,推动文旅融合还需要广泛动员、落到实处,如进一步深化机构改革、整合文旅公共服务、培育壮大文旅融合市场主体、完善相关政策法规、加强科技手段运用、夯实科研和人才基础等[②]。自2008年国务院将旅游业定位为"国民经济的战略性支柱产业和人民群众更加满意的现代服务业"之后,各地旅游业便展开与农业、林业、体育等多个部门的合作。经过最新一轮的机构重组,各大地方部门都已在形式上完成了文化旅游部门(简称文旅部)的组建任务,并按照新的"三定"方案,建立了职责相对明晰、内设机构相对合理的政府部门。最新一轮的机构改革不仅将文化与旅游职能全部打乱、重新组合,实现了"你中有我、我中有你"的全新格局,各地方机构(市、县一级)还大多将文化、旅游、广电、体育四个部门进行重新整合,职

---

① 文化和旅游部. "十四五"文化和旅游发展规划[EB/OL]. [2021-07-20]. http://bgimg.ce.cn/culture/gd/202107/20/t20210720_36733252.shtml.

② 中国旅游报. 文旅融合深入推进 持续释放创新潜能[N/OL]. [2019-12-25]. https://www.mct.gov.cn/whzx/whyw/201912/t20191225_849849.htm.

能更加广泛[①]。以广西桂林为例,2014年该地把政府直属部门自治区旅游局升格为政府组成部门,组建了自治区旅游发展委员会。2018年机构改革后,自治区文化厅和旅游发展委员会合并,组建自治区文化和旅游厅,加快推动了文化和旅游融合发展,通过与时俱进的机构改革,进一步激活了旅游资源,强化了文化产业资源、公共服务资源、可开发利用的文化遗产和旅游资源的统筹,为实现文旅融合提供了组织化、系统化的契机。

数字化、网络化、智能化等技术性因素,也进一步加速了文旅融合的进程。首先,数字技术和新兴技术的发展打造了文化产品和旅游产品的共同传播路径。过去,大量优秀文艺作品、优秀文化产品和优质旅游产品往往根据产品、产地的特性存在各异的传播和销售渠道。新兴技术力量的出现却将这些渠道加以整合,使得迥异的文旅产品都能通过互联网等虚拟交易平台进行同步销售。其次,新兴技术力量赋予文旅产品新的"数字生命"。各类技术手段将不同的文旅产品进行了数据化处理,成为数字空间中的一串代码或是字符,最终分别加以组合和破译。因此,在数字空间中,文旅产品的形态也是殊途同归的,通过这种方式,文旅产品将更便于呈现给各类消费群体。最后,在新冠疫情的背景下,技术成为文旅融合的必备要素。传统旅游产品和旅游服务受疫情和空间距离影响,难以得到充分的销售和供应,这就需要技术将旅游产品和文化产业链进行有机结合,让滞销的旅游产品和停滞的旅游产业,依附于广泛的文化产品和流动的文化贸易,打破空间的局限性,进入到流动的市场环节中,从而促进产业结构的提档升级、提质增效,更好实现文化赋能、旅游带动,实现发展质量、结构、规模、速度、效益、安全相统一。综上,技术的蓬勃发展给文旅融合提供了新的机遇,成为文化和旅游双向契合的助推剂。

---

① 崔凤军,徐鹏,陈旭峰.文旅融合高质量发展研究——基于机构改革视角的分析[J].治理研究,2020,36(6):98-104.

第二节 文旅融合的理论

一、文旅融合的内涵

1. 文化的内涵

文化是极难被定义的一个词,人类学家威廉斯曾说,英语中有两三个最难理解的词,文化便是其中之一[1]。古罗马思想家西塞罗将文化等同于哲学或是心灵的培育品,把文化和人的心智联系起来,进而拓展至人的智慧、经验、行为领域。近代以来,文化在摆脱了神学的束缚之后,再次聚焦于人的精神世界。康德、黑格尔等古典哲学家便倾向于将文化理解成精神的化身。例如康德便认为,文化是人类社会价值的体现,是人类道德理念的集合体[2]。黑格尔则是将文化视为"理性的外露和表现",认为任何一种文化领域都归属于思想的形式[3]。在中国古代,文化包括"自然现象加以观察、认识,使之凝定为确定的知识""社会生活中人与人之间纵横交织的关系""对人的性情的陶冶,品德的教养"等多种意涵。总的来说,文化是一个非常庞大的词汇,其囊括的内容、涉及的外延,都非三言两语就能简单概述。但是目前对文化内涵的解读,有以下几处共性:① 从文化的产生角度出发,文化是由人所创造的,是人特有的精神财富;② 从文化的内容来看,文化包括知识、信仰、艺术、道德、法律、习俗等一系列与人有关的意识性产物;③ 从文化的状态来看,文化是在不断流动的,很少有文化能被人为地彻底隔绝在人类社会之外,同时,每个人都有能力去接受不同类别的文化;④ 从文化的作用来看,文化具有显著的指导教育、维持稳定、传承接续等功能。指导教育指的是文化可以为人们的行动提供成熟的指南和方向;维持稳定指的是作为一种价值观或是秩序的文化能在特定的历史时期被持续追捧和认可、运用,进而保证这一阶段社会环境的稳定性;传承接续指的是文化能做到让下一代也认同、共享上一代的文化,实现世代的流传。

---

[1] 萧俊明. 文化转向的由来[M]. 北京:社会科学文献出版社,2004:1.
[2] 康德. 历史理性批判文集[M]. 何兆武,译. 北京:商务印书馆,1991:6-7.
[3] 黑格尔. 历史哲学[M]. 王造时,译. 上海:上海书店出版社,1999:9-27.

2. 旅游的内涵

从词源来看,旅游的英文单词"Tour"来源于拉丁语的"tornare"和希腊语的"tornos",指的是"围绕一个中心点或轴的运动"。后缀"-ism"被定义为"一个行动或过程,以及特定行为或特性",而后缀"-ist"则意指"从事特定活动的人"。因此,"tour"与后缀"-ism"和"-ist"连在一起,则分别指的是"指按照圆形轨迹的移动"和"指按照圆形轨迹移动的人"。所以旅游也指一种往复的行程,即指离开后再回到起点的活动,而完成这个行程的人便被称为旅游者。由此观之,旅游是极具时空意涵的一个专有名词,其既指代一段时间内人类的活动,也指代人类具体的活动范围和活动轨迹。针对这一特性,国际上早早地就对进行旅游的群体进行了定义。在1936年,国联将外国旅游者定义为"离开其惯常居住地到其他国家旅行至少24小时以上的人",后来的联合国也继续沿用了这一说法。除了显著的时空特性之外,旅游中蕴含的情感因素也较为丰富。中国古代"旅游"一词最早见于六朝,沈约的《悲哉行》提及"旅游媚年春,年春媚游人"的诗句,用以专指个人意志支配的,以游览、游乐为主的旅行,这说明旅游是一种正面的、可以让人保持身心愉悦的人类活动。至于旅游的具体内容也极为广泛,"吃、住、行、游、购、娱"作为旅游的主要组成部分,不仅是广大旅游者在旅游过程中追求和从事的主要活动,更是旅游业在不断发展过程中致力于提升的主要环节。综上,旅游是一个时空性质十分显著的概念,其价值在于给人的身心带来积极效益,内容上主要囊括人的吃、住、行、游、购、娱等多个方面。

3. 文化旅游融合的内涵

早在二十世纪末,学界就开始探索文化和旅游两个领域的结合,这集中体现在新兴交叉学科的建立上——"旅游文化学"的学科分支出现在中国学术大地上,旨在探讨旅游和文化之间到底有如何紧密的联系,以及这些联系到底是如何构建的[1]。其中,既有学者认为,文化旅游融合是将旅游产业的发展视为一种"文化现象"[2],又有学者认为,旅游这一行为本身就是一种文化[3]。在政府文件中,自原文化部和原国家旅游局2009年联合发布的《关于促进文化与旅游

---

[1] 马波.我国旅游文化研究的回顾与前瞻[J].桂林旅游高等专科学校学报,1999(2):8-10.
[2] 钟贤巍.旅游文化学初探[J].社会科学战线,2006(4):34-38.
[3] 沈祖祥,林弈言.我国"八大古都"古都文化旅游发展战略思考[J].旅游科学,2006(3):13-15+22.

结合发展的指导意见》伊始,有关文化和旅游融合的政策数目日益增加,其核心是将文化与旅游的融合定义为"传统文化面向旅游者的再生产与再创造"①。由此看来,政府文件对文旅融合的界定出发点在于"让文化成为旅游行业的一种发展性资源"。除此以外,文化与旅游的融合在一定程度上也是文化产业边界和旅游产业边界的急剧重合,旅游产业和文化产业皆异于一般的传统产业,两者所蕴含的旅游资源与文化资源的构成要素非常丰富。这一特性导致旅游产业与文化产业的边界基础极具开放性、延伸空间非常广阔②。这种产业间边界的淡化也是文化与旅游的更深层次的融合样式。在此基础上,文化和旅游之间形成了丰富的融合路径和互动模式。

二、文旅融合的路径

1. 要素共契:文化要素和旅游要素的相互转换

在一定程度上,文化要素和旅游要素的本质都是人类精神世界的组成部分,是形成个人价值观、人生观、世界观的重要源泉。从这一角度出发,作为一种精神要素,文化和旅游形成了相互转换的基础:一方面,文化要素能够转化为旅游要素,各种优良的传统文化附着于不同的旅游环境当中,通过旅游要素得到了发扬。例如井冈山精神、延安精神等优良的精神文化,就借助井冈山、延安等革命胜地的旅游经典要素的开发得到了宣扬。另一方面,旅游要素能够通过文化要素增大知名度,尤其是一些具有悠久历史的旅游景点,往往都借助各式各样的民俗故事、民间传说、历史典籍等文化要素作为载体传遍千家万户。如北京的故宫、杭州的西湖,都是被文化要素"包装"的旅游要素。基于文化要素和旅游要素之间相互转换的属性,这两种要素发生了更进一步的互契,即文化要素的价值和旅游要素的价值发生了同质化。这两类要素的价值同质化主要体现在人的行为当中:由于旅游本身是一种文化活动,是不同地域文化的际遇与整合,一般旅游者的旅游行动不仅出于追寻愉悦和轻松等"乐生"的需要,更是出于了解不同区域文化的动机,因此可以说,旅游的本质是消遣和审美,其活动需要文化的参与③。

---

① 张朝枝,朱敏敏. 文化和旅游融合:多层次关系内涵、挑战与践行路径[J]. 旅游学刊,2020,35(3):62-71.
② 桑彬彬. 从产业边界看旅游产业与文化产业的融合发展[J]. 思想战线,2012,38(6):147-148.
③ 黄永林. 文旅融合发展的文化阐释与旅游实践[J]. 人民论坛·学术前沿,2019(11):16-23.

2. 产业协同：文化产业和旅游产业的高效协作

文化产业和旅游产业的产业协同已然是文旅融合的主要路径之一，而文化产业和旅游产业的高效协作更是实现两者协同发展的重要表现：一方面，文化产业和旅游产业都根据时代环境的变化和市场需求的导向，拆分、重构自己的产业内容，分别提高文化产业和旅游产业各自的产业竞争能力，延长自身的产业链内容。另一方面，文化产业和旅游产业也分别探寻两者的交叉和互通之处，进而在相关领域中达成文化产业和旅游产业的协作。在文化产业和旅游产业能够具备高效协作的前提基础上，便会演变出形态各异的产业协同方式，例如开拓创新文化旅游产业集群。在这种产业协同方式下，文化产业和旅游产业得到了充分的挖掘——首先，区域特色文化资源和自然生态旅游资源得到了较好的结合，譬如部分大型旅游节日和会展活动，不仅能集中展现地方文化，还能在举办期间吸引大量游客集中前往目的地，带动当地旅游经济的发展[1]。其次，文化产业链和旅游产业链形成了较为紧密的联系，形成了一条多向度、跨领域的产业链和销售链，既可以销售以优秀文化传承传播为导向的文旅产品，也可以吸引更多游客，开拓新的旅游图景和路线[2]。

3. 组织统筹：文化组织和旅游组织的系统重组

文化组织和旅游组织大致都可分为两类：一类是官方的、非营利性质的，以文化局、旅游局等公共部门为代表；另一类是非官方的、营利性质的，包括文化产业、旅游产业中的各类企业、营利型社会组织等。由此观之，这两类文化组织和旅游组织的系统重组对于文旅融合的推动作用不言而喻。首先，文化、旅游领域相关的公共部门大多被进行了重新组合，传统的文旅分离管理机制迫使文化产业和旅游产业需要同时接受文化部门与旅游部门的双重监管，不利于文化旅游企业的发展。为了满足文化旅游产业快速发展的需求，应从多单位协同管理转变为针对文化旅游产业的统筹管理，在此基础上针对产业发展的诉求，精简行政程序，提高行政服务的统一供应。其次，文化领域和旅游领域的企业重组也是加强文旅融合的重要路径。这些领域的企业能够充分发挥市场的资源调配作用，搭建广阔的融资平台，化解文旅融合投资来源少、投资动

---

[1] 邵明华,张兆友.国外文旅融合发展模式与借鉴价值研究[J].福建论坛（人文社会科学版）,2020(8):37-46.

[2] 金武刚,赵娜,张雨晴,等.促进文旅融合发展的公共服务建设途径[J].图书与情报,2019(4):53-58.

力不足等资源短缺问题。与此同时,为了促进中小企业参与到文旅融合的进程中,可降低相关领域企业的进入门槛。中小企业具有数量多、资金调度灵活、功能适配性强等优势,能够极快地适应文旅融合进程中缺失的某个环节或某个部分,补齐文旅融合过程中的漏洞和短板。综上,统筹官方或是非官方部门,促进官方和非官方、政和商之间的合作,都有助于促进文旅融合的发展。

4. 理念贯彻:坚持文旅融合中的创新发展理念

文旅融合是一个以贯彻创新发展理念为价值追求的实践过程。首先,文旅融合要坚持有机融合,明确文化和旅游各自的功能和定位。在保证文化和旅游相互支撑的基础上,搜寻文旅融合的各个领域和链条,挖掘新的创新增长点,找到文化和旅游的最佳连接点,打造文旅融合的新引擎。其次,文旅融合要坚持协同并进。文旅融合有别于文化或是旅游,其更强调文旅两方面的齐头并进,既要保护文化资源,也要发展旅游产业,既要发扬文化风采,也要谋求旅游亮点,争取将两者长处进行有效融合和贯通,实现协同并进的良好局面。再次,要适当扬弃,摆脱固有思维,打破文化和旅游之间所固有的思想界限,深度挖掘旅游和文化的共通之处,扩大文旅融合的范围,加深文旅融合的深度。最后,要坚持人民主体思想,让人民既能享受自然风光和人文景观的旅游风貌,也能借助当地的历史文化和风俗人情满足其基本精神需求,充实其精神世界。

三、文旅融合的意义

文旅融合进一步满足了人民日益增长的美好生活需要。自我国脱贫攻坚战取得了全面胜利以来,人民对美好生活的需要出现了新的变化趋势,其中最核心的便是人民对美好生活的定位越来越高。尤其是当我国的主要矛盾变成"不平衡不充分的发展"时,人民致力于探寻更充分、更均衡的美好生活内容,不仅要求拥有足够充分的物质财富,更是需要大量的精神食粮来充实自身的精神世界。文旅融合一方面通过产业融合、要素整合,创造了更多优质的经济产品和新兴产业,即将文化消费、购物、餐饮、时尚、度假等传统的旅游服务和旅游产品和当地文化、民间风俗以及特定时期的流行文化、演艺文化、电影文化、动漫文化相结合,形成文旅综合生态,便于人们通过组建企业乃至企业联盟,创造更多的文旅物质财富。另一方面,文旅融合更是提供了大量人民群众喜闻乐见的文化内容，满足了人民对更广泛、更新颖的文化产品和旅游产品的诉求。比如长沙世纪之窗、深圳锦绣中华等主题公园，将世界遗产文化通过打造特色园区的形式，呈现给广大人民。又如杭州宋城、西安大唐芙蓉园则主要立足于中国历史文化脉络和地方历史变迁中的某一时期，为人们重现了绚烂的古代历史画卷。除了以主题公园为代表的文化旅游度假区之外，文旅融合提供的产品还包括文旅产业园区、文旅小镇、精品文化旅游带等产业集群，开辟了文旅融合背景下满足人民美好生活需要的新方向。

文旅融合致力于释放经济发展新动能。从宏观的经济环境来看，在中央财经委员会第七次会议上，习近平总书记强调要构建以国内大循环为主体、国内国际双循环相互促进的新发展格局。文旅融合便恰恰符合"以国内大循环为主体"基本思路的战略安排。一方面，文旅融合盘活了文化要素和旅游要素之间的关系，打通了两个产业链之间的生产、分配、流通、消费等环节。另一方面，文旅融合便于相关产业享受超大规模的市场优势，挖掘国内文旅市场的需求潜力，构建起较为完整的文旅产品供给体系。其次，文旅融合激发了金融行业的蓬勃。文旅融合引发产业附加值的双重叠升，吸引了广大的资本和投资者。同时，作为一个重要的国家发展战略，金融行业对文旅融合之后的文旅产业都抱有积极态度，这就进一步引发了金融界的投资倾斜和投资兴趣。再次，文旅融合能够进一步弥补两者共同存在的发展动力疲软问题。在过去，由于旅游产业缺乏新颖的表现形式和宣传模式，且文化产业存在创新性不足和管理体制僵化问题，两者独立发展的能力一直未能得到有效的提升和展现。现如今，文化产业能够赋予旅游产业新的灵魂，用更符合时代特征的文化内容去包装原有的旅游场景、旅游环境，而旅游产业也能让文化找到新的物质载体，便于拓宽文化内容的传播广度。最后，文旅融合和乡村振兴战略形成了有机结合的态势，乡村文化的振兴让乡村经济发展出现了新的动态。为了完成乡村文化振兴这一庞大复杂的系统工程，文旅融合使得多方主体参与了文化资源、旅游资源的开发，尤其是调动了社会主体共同参与到乡村文化产业的生产、创作和供给之中，进而为乡村注入新的经济动力，推动乡村文化产业的转型和升级[1]，助力于乡村振兴战略的落地和实现。

文旅融合是传播弘扬优良文化的有效途径。文旅融合能够对文化内容、载体、表现形式进行系统性变革，有利于诸多优良文化得到进一步的传播和弘扬。一方面，文旅融合让诸多优良文化具备了新的载体，尤其是在旅游产业中，众多

---

[1] 邱峙澄.文旅融合理念的价值维度与乡村文化振兴实践[J].社会科学家，2021(9)：51-55.

旅游产品都能承载相应的文化内涵,让这些文化内容能够随着旅游产品的交易传播到更多的领域。旅游文创产品就发挥了上述文化传播功能,购买者和使用者通过购买附着相应的文化内容的日用品、学习用品、旅游纪念品等形形色色具体的产品可以得到更多了解旅游地文化的机会。另一方面,文旅融合有助于增加公共文化设施的设立。图书馆、博物馆、美术馆、科技馆、青少年宫、妇女儿童活动中心、公共阅报栏、公共数字文化服务点等都是公共文化设施的主要组成部分,而文旅融合有助于集合多方资源,提高这些公共文化设施的建设水平。以政府为代表的公共部门为了加快文旅融合的步伐,往往会增加公共文化设施的规划,提高设置公共文化场所的审批通过率。以企业为代表的私人部门也会积极供应文化产品和公共文化设施的基础设备,例如技术性的电子设备、服务性的配套休闲设施等。综上,文旅融合通过铸造新的文化载体、建设以公共文化设施为代表的文化传播节点,既能够让文化便于转化成各种各样的形式进行传播,也能让文化通过各式各样的路径进行传播,最终提高优良文化的知名度和认可度。

文旅融合拓宽了数字技术的赋能场域。文旅融合的发展让数字技术也有了新的赋能场域。第一,文旅融合的进程离不开数字技术,因为数字技术打造了文化产业和旅游产业的新业态。由于文化产业大多是精神领域的创造,而旅游产业是现实世界的产物,两者之间的融合必须要经过标准化处理,即保证文化产业和旅游产业表现形式的统一性,这就需要在数字技术主导的数字世界中完成。目前人们对文化展示的要求已经从以物为中心转变为以人为中心、将贮藏式的陈列转变为可知可感的文化体验[①],对旅游的要求也从跨区域的空间自由向跨区域跨时间的时空双重自由转变。那么既要让人们感受到文化的"触感",也要让人们开启一段"随时随地、说走就走"的旅行,就只能靠数字技术来实现。人们借助 AI、扩展现实技术可以身临其境地感受到相应的文化环境和旅游环境,利用人工智能、元宇宙技术真正接触旅游背后不易感知的精神文化风貌。第二,文旅融合的产品需要由数字技术加以完美呈现。目前,许多文旅融合的产品都是通过制作影视作品来呈现以达到"影视旅游"的目的。Roger Riley 提出,影视旅游是通过电影、电视、文学作品、杂志、唱片、录像等文化产品加强了游客的感知,给游客留下了深刻影响和心灵震撼,从而诱发游客到影视

---

① 刘莉.文旅融合背景下公共文化服务功能变迁与发展路径[J].文化艺术研究,2021,14(3):9-15+111.

拍摄地的旅游活动①。数字技术的优化则让影视作品的内容展示更为丰富和鲜明,影视作品的传播路径更为多样和繁杂。由此可见,文旅融合给数字技术的成长增添了更多的方向和领域,尤其是通过打造新颖的市场需求,助推数字技术的发展和演化。

四、文旅融合进一步发展的困点

文旅融合深度不足。文旅融合是涉及两大要素、两大产业的系统性战略,是符合融合发展和协调发展理念的重要战略。但是从目前文旅融合的状况来看,文旅融合存在显著的深度不足问题,主要体现在以下几点:第一,文旅资源融合深度不足。我国拥有丰富的旅游资源,包括自然旅游景点和人文旅游景观,同时,我国具有数千年的优秀传统文化和优良文化基因,但这些良好的文化、旅游资源目前却仍然处于一种"单向发展"的态势,即文化和旅游资源尚未形成完全契合的协作,究其根源,我国目前对优良文化的深度整理、挖掘、营销不够,旅游项目开发步伐较为缓慢,这就导致文化资源和旅游资源难以找到能够融合的契合点,最终影响整体文旅融合的深度。第二,文旅产业融合深度不足。目前我国基于多个龙头企业,形成了较为丰富的文旅产业融合模式,但是从现实情况来看,文旅产业的主流价值链条还是来源于"门票经济",并没有全面顾及吃、住、行、购、娱等几个方面,文旅融合的触手依旧不能伸到文旅产业的更多领域,导致文旅融合的产业链依旧得不到深度拓展。第三,文旅融合深度不足还体现在不同地区文旅融合程度不均匀上。目前,我国东中西部地区形成了显著的文旅融合差异,东部地区拥有雄厚的财力,能够有效推动文旅融合规划的开展,但是中西部的文旅融合势头却尚未足够强势,导致东强西弱文旅融合格局的出现。

文旅融合意识匮乏。文旅融合意识的不足将导致相关责任主体出现对文旅融合价值认知不清、文旅融合意义认识不到位等问题,进而桎梏文旅融合战略的实施广度和深度。首先,一些地方并未理解文旅融合的缘由和战略目标,只是将文旅融合视为行政管理体制改革的组成部分,或是将文旅融合简单地看作是"培养包含文化和旅游双重领域的复合企业",缺乏对"怎么融、融什么、为什么融"等一系列问题的讨论。其次,一些政府的实践意识尚未得到培养,出现

---

① Riley R, Baker D, Van Doren C S. Movie induced tourism[J]. Annals of Tourism Research, 1998, 25(4): 919-935.

"重文旅融合规划,轻文旅融合实践"的现象,这集中体现在部分政府对文旅融合的效益评价上,尤其是有些地方对文旅融合进行了较为完整和长远的规划、投入了大量的资金,并对其进行了效益评价,但是那些分析成效的指标却不是很具体明确,缺乏一套行之有效的指标体系[①]。例如,一些地方政府着眼于计算经济效益来衡量文旅融合的实施效果,忽略了文旅融合对精神世界的培养和熏陶,这就失去了文旅融合的价值意义。最后,一些区域在实施文旅融合战略过程中,缺乏结合地方实际的意识。现下往往有一些政府,乐于去模仿其他地方的成功模式,希望能够通过直接复制经验的手法来获得同样的成功结果,这显然没有考虑地方的实际发展需要和发展资源,不利于地方文旅资源特色的有机结合。

文旅融合保障机制陈旧。文旅融合的保障机制包括制度、机构、人才等。制度为文旅融合搭建了相应的融合框架,维持文旅融合战略的既定规划;机构为文旅融合提供了一定的组织性力量,主要由政府等公共组织和企业等私人组织构成;人才则是文旅融合的策略源泉,加速了文旅融合的进程,优化了文旅融合的手段。但在文旅融合的实践中,保障机制并没有随之发展。首先,文旅融合尚未形成完善的法律规范,例如不文明现象在一些旅游景区内屡见不鲜。产生这一现象最主要的原因是相关领域法律规范缺失和景区管理不到位[②]。其次,文旅融合涉及的机构之间尚未形成良性协作机制,尤其是文旅融合涉及的文化部门和旅游部门。文化部门注重于文化建设和文化产业发展,缺乏对市场需求的考量,而旅游部门却恰恰相反,两个部门之间的制度壁垒尚未得到充分消除,让文旅融合缺乏组织结构上的保障。再者,文旅企业之间互动、上下游产业间互动的障碍都尚未得到消除,这就导致低端文旅产品占据了主要的文旅市场,无法保障文旅融合的质量和层次[③]。最后,文旅融合需要的人才尚未起到保障作用,尤其是文、旅两个领域的结合引发的对复合型人才的需要,一直未能得到满足,相关的文化产业管理和旅游管理交叉人才体系也并没有充分建立起来,使得文旅融合缺乏人才这一最为活跃的保障要素。

文旅融合尚未形成合力。文旅融合既涉及政府部门和私人企业的合力,又涉及集体和私人的合力。政府部门和私人部门的合力主要集中在"为公"或是"为私"上,一般来说,政府部门往往承担文化、自然景观、人文景观相关的公共

---

① 李任.深度融合与协同发展:文旅融合的理论逻辑与实践路径[J].理论月刊,2022(1):88-96.
② 李响.红色文化和旅游产业:文旅融合的困境与路径[J].学术交流,2021(7):119-129.
③ 侯天琛,杨兰桥.新发展格局下文旅融合的内在逻辑、现实困境与推进策略[J].中州学刊,2021(12):20-25.

服务,而企业等私人部门也会承担文化产品和旅游产品的生产销售,但是两者的出发点并不同,政府是为公共服务的,企业是为私人谋利的。为此,尽管有一些公共部门希望通过良好的公私合作来共同促进文旅融合,创造文旅价值,但是在绝大多数情况下,这种公私合作过程都会存在摩擦——或是政府部门不愿意承担过多的外包成本,或是私人企业不满意当下的收益成果。这就导致政府部门和私人部门之间因收益冲突而难以形成合力。而集体和私人在受传统风俗习惯影响的领域也存在冲突,对公共部门的文旅融合规划表现出不满,最终导致政府、当地居民、旅游者、开发者等相关利益主体的利益分配问题无法得到及时消除,民族文化的传承、民俗的保护与旅游开发的矛盾也无法得到协调与解决[①]。

第三节　文旅融合的政策

一、文旅机构调整与改革

在过去,文化领域和旅游领域分别由两个不同的国家部门管理:中华人民共和国文化部主管文化艺术事业,是国务院的组成部门,在第四届全国人民代表大会第一次会议上恢复设立。根据1982年5月第五届全国人民代表大会常务委员会第二十三次会议审议通过的《国务院部委机构改革实施方案》,文化部将对外文化联络委员会、国家出版事业管理局、国家文物事业管理局、外文出版发行事业局进行合并,主要承担拟定文化艺术法律法规、协调管理文化事业发展、指导对外文化宣传工作等。中华人民共和国国家旅游局主管旅游工作,是国务院主管旅游工作的直属机构,主要职能包括拟定旅游业发展的方针、政策和规划,研究解决旅游经济运行中的重大问题,协调各项旅游相关政策措施的落实等。这两个部门的独立设置定格在2018年。2018年3月13日,国务院公布机构改革方案,开启新一轮大部制改革,将文化部、国家旅游局的职责整合,组建文化和旅游部(简称文旅部)。作为国务院组成部门,文旅部需要承担过往两个部门的职责,主要包括贯彻落实党的文化工作方针政策,研究拟订文

---

① 郭旭红.新时代西部地区文旅融合发展面临的问题及对策研究[J].青海民族研究,2021,32(1):186-189.

化和旅游工作政策措施,统筹规划文化事业、文化产业、旅游业发展,深入实施文化惠民工程,组织实施文化资源普查、挖掘和保护工作等。自此,在中央机构层面,文旅融合已经吹响了号角,让"诗和远方"在国家治理体系中走到了一起,为文化和旅游领域的结合提供了有力的组织保证和行政力量。

在中央的不断推动下,地方也积极开展了一系列文旅机构的改革与调整。第一,从文旅部门的行政管理规程中进行调整。例如山东发布了《省文化和旅游厅机构改革组织实施工作方案》,要求切实做好新办公场所调整和挂牌工作,厅领导班子成员和综合处室先行调整,实现集中办公,新机构挂牌,其他业务处室、部分直属单位分批次、有序调整到位,严格遵守办公用房管理有关规定,坚决杜绝超面积、超标准使用办公用房,同时尽快制定"三定方案",定职能、定机构、定编制,做好资产管理、文件运转、印章使用、档案交接等各项工作,为接下来迅速投入文旅融合工作状态打好基础。第二,加强文旅部门机构改革进程的监管。例如湖南省文化和旅游厅强化监督执纪问责,其纪检监察组以省纪委的"6项纪律20个严禁"作为工作的行动指南,开启了"全程监督、重点督查"的模式,针对新组建的文化和旅游厅的实际情况,及时制定了《关于加强对机构改革实施情况进行监督检查》方案,建立了全程跟踪、约谈、实地督查、受理举报等四种监督模式,并不定期开展监督检查,及时发现和纠正改革中的苗头性、倾向性问题,确保机构改革期间干劲不减、作风不散、纪律不松,对文旅机构改革期间的违纪行为,以"零容忍"的态度严肃问责。第三,文旅部门机构改革着眼于地方的实际发展需要。例如青海省按照《青海省机构改革方案》,挂牌成立了青海省文化和旅游厅,要求牢固树立文化旅游"一盘棋"思想,围绕文化名省、旅游名省建设目标,坚持新发展理念,深化体制机制改革,健全完善政策体系,挖掘整合优势资源,加快建设重大项目,发展壮大精品产业,打造培育特色品牌,统筹推进文化旅游在公共服务、产业发展、科技创新、对外交流等领域的深度融合。

二、文旅融合的政策导向调整

1. 提高文旅融合政策实际效益:用充裕的精神世界赋能现实世界的繁荣

在文化部和旅游局尚未合并之前,两者就已明确其"丰富精神世界"的既定计划。1993年11月,原国家旅游局发布《关于积极发展国内旅游业的意见》中就强调,旅游业的发展对满足人民群众文化需求、带动文化事业发展具有重要意义。2001年,国务院文件《关于进一步加快旅游业发展的通知》中再度提出,发展旅游业有利于加强社会主义精神文明建设。这意味着精神世界的充裕,是文旅融合之初就已形成共识的远大理想。但是仅仅在精神世界的蓬勃发展显然难以满足当下国家和社会发展的需要,因此,近几年来,文旅融合的政策导向逐渐向"赋能现实世界的发展"靠拢。在"十三五"时期,中共中央办公厅和国务院办公厅发布的《国家"十三五"时期文化发展规划纲要》便提出"发展文化旅游,扩大休闲娱乐消费",这也正是拉动现实世界生产发展和文化市场繁荣的重要策略。到了"十四五"时期,文旅融合深谙"以文塑旅、以旅彰文,系统观念、筑牢防线,旅游为民、旅游带动,创新驱动、优质发展,生态优先、科学利用"的原则,希望通过发现和扩大文旅这一新的经济增长点和发展出发点,驱动现实世界的繁荣和进步。

2. 扩大文旅融合的政策边界:拓展文旅融合在其他政策领域的实践向度

目前,文旅融合带来的不仅仅是人类精神的丰富和满足,更助推了经济、政治、社会等数个领域的前进和发展,这就证明文旅融合势必会是一个跨领域的战略,其不仅是文化和旅游行业的自我完善,更是影响众多国家战略、国家大政方针的重要政策节点。因此,文旅融合的政策边界正在不断扩大,其在其他政策领域中的实践也越发活跃。例如,文旅融合在乡村振兴战略中的作用是不可忽视的。2018年9月中共中央和国务院发布的《乡村振兴战略规划(2018—2022)》提出"要通过推动乡村文化旅游融合,重塑乡村文化生态,发展乡村特色文化产业,繁荣发展乡村文化"。这就说明,文旅融合不仅为乡村振兴创造了相应的物质财富,在一定程度上也挖掘了乡村精神财富,给乡村振兴注入了经济活力和文化活力。2022年4月,《关于推动文化产业赋能乡村振兴的意见》的政策出台,进一步指出从创意设计、演出产业、音乐产业、美术产业、手工艺、数字文化、其他文化产业和文旅融合等八个重点领域对乡村振兴进行赋能,保证乡村能够实现产业兴旺、乡风文明、生活富裕的远大目标。

3. 丰富文旅融合的政策内涵:保证文旅资源高质量发展与高水平保护相结合

文化和旅游所涉及的不仅仅是一个发展问题,在一定程度上更是一个历史性问题。原因在于,文化和旅游都是在历史的不断积淀中传承至今的,各类文化要素、旅游要素的背后都是由一条条历史河流汇聚而成的汪洋大海。因此,文旅融合的内涵也不会止步于高质量发展,在一定程度上保证文旅资源高质量发展与高水平保护相结合才会是未来文旅融合的主要政策导向。例如,2018年12月文旅部发布的《国家级文化生态保护区管理办法》,要求文旅融合发展能够在推动文化生态保护、非遗资源保护中发挥作用,这是希望通过文旅融合,对生态环境进行合理的开发和保护。又如,2018年10月,中共中央办公厅和国务院办公厅在《关于加强文物保护利用改革的若干办法》中提出促进文物保护和旅游发展之间的互动关系,强调在文旅融合进程中,对文物这一人文历史物质载体的合理利用和维护。综上,未来保持高质量发展将是我国的核心目标,文旅融合也需深刻围绕这一主线,但与此同时,文旅融合不能忽略其历史性因素,对文化要素和旅游要素也需保持高水平的保护。

三、数字政府建设的推广

进入数字时代以来,数字政府的建设一直都是国家的工作重心。十九届四中全会首次提到"建立健全运用互联网、大数据、人工智能等技术手段进行行政管理的制度规则。推进数字政府建设,加强数据有序共享,依法保护个人信息"。2021年政府工作报告中再次要求"加强数字政府建设,推动政务数据共享,进一步压减各类证明,扩大'跨省通办'范围,基本实现电子证照互通互认,便利企业跨区域经营,加快解决群众关切事项的异地办理问题"。2022年4月发布的《关于加强数字政府建设的指导意见》也强调要全面贯彻网络强国战略,把数字技术广泛应用于政府管理服务,推动政府数字化、智能化运行,为推进国家治理体系和治理能力现代化提供有力支撑。数字政府的发展有力地推动了文旅融合的进程。作为一个新兴的政府部门,文旅部致力于打造网络时代政府履行职责的新平台,规范网站运行,完善站群体系,创新管理模式,进一步整合各类资源,彰显文化和旅游行业特色。同时,文旅部加强信息公开、公众互动、网上办事、政策解读等职能建设,积极整合报送渠道,打通多元的信息支撑渠道,保障了文化和旅游系统各类信息的全面性、准确性、及时性,不断提升政府门户网站服务水平。截至2019年12月10日,文旅部官方网站共发布各类信息9 555条,门户网站页面浏览量达4.3亿次。

各地方政府也做出将数字政府建设和文旅融合结合到一起的尝试。如甘肃省文化和旅游厅在数字政府建设重点工作推进会中指出"加快数字政府建设,是贯彻落实网络强国、数字中国战略的重要举措,是推进政府治理体系和治理能力现代化的重要途径,是优化营商环境、激发市场主体活力的有效手段,是助推数字经济、数字社会发展的重要基础"。甘肃省发布的《数字政府建设总体规划(2021—2025)》也以此为目标,进一步助力文旅融合的进程,不仅推广卫星导航、无人机等监测技术在生态环境监测领域的应用,提高生态环境监测的精确性和可靠性,基本覆盖全省典型生态系统、自然保护地、重点生态功能区和生态保护红线重点区域,保护文旅基础资源,还充分发挥政府数字化转型对促进政府公共资源优化配置的作用,加强拓展智慧民政、智慧人社、智慧教育、智慧医疗、智慧文旅、智慧住建等基本公共服务数字化应用,推动优质惠民服务向基层和特殊人群延伸,提升普惠性、基础性、兜底性服务能力,让更广领域更多人群享受数智化服务。又如浙江省文旅厅在2022年4月19日召开的全省文化和旅游系统数字化改革视频培训会中做出了规划,要在当年4月底前完成"浙江智慧文化云""文物安全智慧监管""清朗网络文化市场智管""假日旅游通"等应用升级推广,并上线"15分钟品质文化生活圈""文旅防疫在线"应用。在当年6月底前上线"非遗在线""艺数家""旅游新业态安全监管"应用。2022年年底前,省、市、县(市、区)要在全面贯通上线"8+1"重点应用的基础上,实现以数字化推进改革的同时,撬动文旅融合的新发展点。

第二章

文旅融合的发展挑战

第二章　文旅融合的发展挑战

作为一项重要的国家战略规划,文旅融合的规划落地和政策实施是复杂而又困难的,其发展势必需要经过一段漫长的历程。首先,作为一项聚合文化领域和旅游领域的政策规划,人们对文旅融合的认识还是模糊不清的。比如,受到一些固有思想的影响,人们仍然认为文化和旅游之间存在明显的边界,"看山还是山,看水还是水"。但是,一项政策的落地首先需要考虑的便是培育政策意识,即对这一政策的认同感,这也是文旅融合在发展过程将要面临的第一个挑战。其次,文旅融合是一个新兴的战略布局,即便文化和旅游的交融发展已成共识,但其从深思熟虑的规划和协商至落地实施的阶段是较为艰难的。目前即使在世界范围内也甚少有国家或地区形成了较为成熟的文旅融合规划,且不同国家和地区的地理环境、人文历史脉络也大相径庭,不能直接照搬那些较为成熟的文旅融合规划经验,因此,文旅融合在规划时也同样面临一系列挑战。最后,鉴于文旅融合的意识尚未形成以及文旅融合的规划尚未成熟,文旅融合将难以形成充足的实践合力,政企合作、产业协同等实践挑战也将逐步显现。以政府为代表的公共部门作为文旅融合的关键主体,是助推文旅融合进程的核心要素。以企业、社会组织为代表的社会部门则是文旅融合中最具活力的责任主体,文旅产品、文旅集群等诸多文旅产业内容的建设都离不开这些社会部门的参与。以旅游者为代表的个人是文旅融合的享受者和评价者。赋予人们新的活动场域和生活产品的文旅融合以满足人民日益增长的物质文化、精神文化需要为己任。人们对文旅融合过程中的感受与评价在很大程度上也能够影响文旅融合各环节的建设,因此,个人也是文旅融合过程中最为广泛的责任主体。综上,文旅融合在意识、规划、实践三个环节都将面临挑战,这些挑战主要由政府、社会、个人三大责任主体来承担。

第一节　文旅融合意识面临的挑战

一、政府层面的文旅融合意识问题

1. 文旅融合的考量过度经济化

经济发展是一个国家最为重要的任务和使命之一,只有经济的蓬勃发展,才能为稳定政治生活、发展文化事业奠定坚实基础。作为政治统治和社会管理的机关,政府的核心职能之一便是经济职能。这要求政府既要推动国家宏观经济发展格局,也要提供公共产品和服务,进行良好的市场监管。毋庸置疑,文旅融合本身就是我国致力于推动经济发展的一种新兴模式,因为文化和旅游本身就是第三产业的重要组成部分,这两个领域的"强强联合"在一定程度上有助于促进经济结构改革,从而形成一个新的、重要的经济增长点。再者,文旅融合最直接的体现就是文化产业和旅游产业的系统性融合,因此,将文旅融合视为一个"经济任务"是无可非议的。但是,一些地方政府在推进文旅融合过程中,也会难免受到"GDP 总额""GDP 增长率""三大产业比例的健康性"等宏观经济指标以及土地财政等具体财政内容的影响,导致其对文旅融合进行了过度的经济化理解。一方面,政府将文旅融合视为一种精神财富的"折现",简单粗暴地探寻文化和旅游的经济价值,忽略这两者的当代精神意涵和价值理念。另一方面,在一些政府看来,旅游的经济效益要高于文化的经济效益,原因在于文化的经济效益需要通过有效的包装和转化,相比而言,旅游的经济转化效率要更高,这就导致一些政府在文旅融合进程中出现了"旅游压倒文化"现象,以旅游为名对文化遗产进行侵夺、占有,造成不可挽回的损坏。

2. 文旅融合的战略意识不足

文旅融合从来不是一蹴而就的,需要经过多个环节、多个主体系统性的通力合作才能真正达到预期的效果。其原因在于:一方面,文旅融合涉及文化、旅游两个庞大领域的结合,既包含二者组织、产业、要素等多个内容的相互结合,又包含文化与旅游各自内部的协同,其复杂性、困难性不言而喻。另一方面,文旅融合需要经历一段漫长的过程,文化和旅游从来不是静止的、一成不变的死物,而是鲜活富有生命力的有机体,因此,文旅融合的模式在经济发展的不同阶段需要做出适当的调整,以适应不同政治经济环境和文旅条件的变化。但文旅融合的实践进程中,部分地方政府的战略意识明显不足,主要体现在以下几方面:第一,战略是一个宏观规划而非短期计划,基于短期利益的角度,当地政府在制定文旅融合战略时并未将其放在足够长远的时间视角进行考虑,缺乏长远的战略意识。第二,战略是一个宏观要素而非一个微观要素,一些地方政府将文旅融合战略简单地视为文化产品和旅游产品的结合,未曾站在足够宏观的战略视角将更为广阔的文化产业和旅游产业、文化领域和旅游领域进行结合。第三,战略强调的是弹性的策略而非刚性的策略,当地方政府按部就班地根据战略的既定规划进行实践,却不关注周围环境和要素的变化时,这种战略也将难以达到预计的成效。

3. 文旅融合的积极性缺乏

文旅融合是符合当下经济结构调整需要的有力举措,更是进一步满足人民当代生活需要的重要战略。为此,国家从机构改革、数字化建设等路径极力推进这一战略的开展。但是,当文旅融合进入到地方政府视野时,一些地方政府却积极性不足。原因是复杂的:一方面,尽管我国幅员辽阔,文旅资源丰富,但是并非所有地方都有充分的文旅要素,尤其是在一些将第一、第二产业作为主要的经济动能的产粮大省、能源大省,这就导致第三产业的产业基础和产业链条在当地难以得到发展,文旅融合更是纸上谈兵。另一方面,我国贫富差距较大,城市和农村、东部和西部的区域发展差距仍然存在,尽管全面小康社会已经建成、绝对贫困已经被消除,但是相对贫困的现象依然存在,由于基础性资源不足,当地政府不得不将完善社会保障、实现更高层次的温饱放在首位,文旅融合战略便因不符合当地的基本发展需求而被束之高阁,因此,基于历史发展惯性和地方发展需求,这些区域的地方政府就缺乏了文旅融合的积极性,也就失去了实现文旅融合的主动性。

二、社会层面的文旅融合意识问题

1. 商业意识体现不充分

商业意识更多地体现了商业的人文价值而非经济价值,是商业行为在精神世界的投射,包含市场意识、竞争意识、管理意识、效益意识、风险意识等[1]。商业意识并不是工商界从业者的特有品质,自从资本主义萌芽出现以来,商业贸易就出现在诸多行业当中,不仅是商人、手工业者,政府也将贸易视为一种获得财政收入的重要策略。因此,在经济全球化、贸易全球化的格局下,各个国家中的行为体都需要培养商业意识,从中为国家、为自己谋取利益。商业意识在社会层面的行为体中表现得尤为突出,既是缘于社会行为体的多样性和复杂性,让商业意识通过商业行为拥有了更广阔的传播土壤,也是因为商人是社会行为体的重要组成部分。文旅融合在社会层面涉及的就是文化产业与旅游产业的活跃主体,即文化企业和旅游企业的结合。在促进文旅融合进程中,这些企业需要培养更充分的商业意识。但是从目前来看,借助企业等社会主体促进的文

---

[1] 钱江,潘忠贵.商业意识与商业主体的自我完善[J].商业经济研究,1999(3):60-62.

旅融合并未能体现充分的商业意识,主要表现在以下几方面:第一,商业竞争意识不足,出现以文旅融合为噱头的皮包公司。文旅融合并不意味着任何文化企业和旅游企业的结合都将有效促进文旅融合,只有文化企业和旅游企业在结合基础上,实现相互协作、相互适应,发挥"1+1>2"的效益,才能促进文旅融合的进程,因此,文旅融合后形成的企业,必须建立竞争意识、培养核心竞争力,才能保证文旅融合的高质量完成。第二,企业在文旅融合中的管理意识不足,面对繁杂的文化要素和旅游要素,为了更大程度地激发这两类要素的力量,就需要对其进行妥善分类、结合,保证各类文化要素和旅游要素的价值能被极限开发。但是显而易见,诸多文旅产品的开发依旧停留在表面,市场上也充斥着大量低层次的、复制性的文旅商品,文旅要素的深层次价值体现不足。第三,文旅融合中的企业风险意识不充分,妥善处理风险的经验不足。作为一个包含文化、旅游等要素的复合型企业,他们会是市场上最新颖的主体,很难具备强大的处理风险的能力。贸易风险、权益风险等金融风险,以及散点爆发的新冠疫情,都会给他们的贸易行为带来巨大冲击,影响其促进文旅融合主动性的发挥。

2. 技术意识难以赋能文旅融合各环节

技术意识不仅仅指的是将技术运用于人类生产、生活的各个环节中,更是强调人类活动能够具备如同技术般系统化、科学化的精度和效度。在数字时代,技术意识是每一个社会主体都应具备的思想意识,因为每个人既立足于现实世界,又是数字世界的原住民,数字世界中的人们行动必然离不开技术意识和技术力量。诚然,技术意识对文旅融合也具有重要意义,其不仅拓宽了文旅融合的场域,也丰富了文旅融合的路径,但是目前技术意识对文旅融合的赋能仍然较为困难。首先,文旅融合涉及的文旅要素受制于传统思想,让其接受当代衍生的技术意识,本身就是比较困难的。如何处理好丰富的传统文旅内容和先进的技术意识之间的关系,是所有与文旅融合相关的主体所思考的重要问题。其次,技术意识对拓宽文旅融合路径的作用也相当有限。要将文化产品和旅游产品共同置于虚拟环境中呈现给广大消费群体,需要更精密、细节化的技术意识,这主要体现为"文旅融合涉及技术问题的复杂性"。当代科学技术的一个重要属性就是"嫁接性"——一种新兴技术力量需要由诸多基础技术进行搭建。因此,要用技术对文化和旅游两个领域进行融合,自然是相当困难的,技术意识也需要建构起更系统化、成熟化的技术路线和技术实践方案,才能实现文旅两大领域的融合。

3. 市场意识在文旅融合中的作用尚且有限

市场意识是指根据市场需求进行生产，按照市场经济规律制定发展规划的意识，有助于检验产品质量，树立产品形象，促进市场要素配置，是良性市场必备的关键要素。在文旅融合进程中，市场意识既有助于制定符合市场需求和市场规则的文旅融合规划，也有助于提高文旅融合战略的经济折现率。但是目前市场意识在文旅融合中发挥的作用尚且有限。一方面，文旅融合作为一个重要的国家战略规划，富有前瞻性的企业等社会组织，深知遵循国家战略的重要性，便积极开展了文旅融合进程。但部分社会组织将文旅融合看作是一项纯粹的"政治任务"，通过完成这项任务，来提高他们的社会知名度，进而反哺他们的其他产业，从中牟利。文旅融合战略是国家开辟经济新动能的重要尝试，需要一批具有市场意识的企业和社会组织才能推动和促成，但是，一些地方忽略了市场意识对文旅融合更加积极的作用，与国家原先的计划发生了偏离。另一方面，一些企业和社会组织固然在文旅融合进程中贯彻了市场意识，但是他们在具体的实践环节中仍然不能灵活运用。例如，在过去，文化市场的资源配置大多是在自身领域的市场内部进行，一种文化要素的缺乏可以由另一种文化要素进行补充。而在文旅融合背景下，文化领域的要素不足也可以从旅游市场调度和使用，两类市场在一定程度上是连通的。然而并不是所有的文旅企业和社会组织都能灵活地调度两类市场的资源，提高文旅市场的运转效率。

三、个人层面的文旅融合意识问题

1. 个人在文旅融合中难以发挥创新意识

创新是人类社会赖以生存和发展的重要意识，创新意识是指人们根据社会和个体生活发展的需要，引起创造前所未有的事物或观念的动机，并在创造活动中表现出的意向、愿望和设想。创新意识是个人独有的优势和属性，每个人都能借助培育创新意识，进入各大政治、经济、科技领域中发挥作用。文旅融合自然也离不开个人的创新意识，因为文旅融合战略是新颖的，文旅融合的市场也是待开发的，因此，个人的创新将极大程度地促进文旅融合的进程。但是目前个人在文旅融合中，较难发挥出相应的创新意识，主要有以下几方面的原因：第一，由于一些区域的相对贫困问题尚未消除，因此人们更偏向于通过国家力量的"输血",由国家来打造地方的文旅产业,相较于创新意识而言,这种"等靠要"的思想将更占主流。第二,创新意识受到市场消费能力的限制,经济发达地区消费水平高,高端客户多,文化旅游项目可以适当"阳春白雪",经济发展水平一般地区,则应倾向于热闹、好看、通俗易懂,且经济实惠,但是创新意识作为一种理想的、积极的设想,其必然会略高于市场正常的消费能力,这就导致创新意识的价值受到限制。第三,创新意识受制于基础设施等市场承载力,地方交通、酒店、餐饮、金融等综合服务保障水平是文旅融合的重要支撑,一些区域并未形成充足的基础设施,那创新意识也自然难以落地。

2. 产权意识的匮乏桎梏了文旅融合的进度

人是文化的重要载体,也是文化的创造者和传播者,尤其是现代文化的出现,便是人们回顾当下精神生活需要的产物。一些现代文化作品,也助推了旅游产业的繁盛,例如历史剧和古装剧等新兴文化作品的出现,引发了人们对各类历史文明场景的旅游热潮,甚至热衷于对这些影视作品的拍摄地进行考证,以浙江横店为代表的旅游景点便由此兴起。但是一些文化的创造者缺乏基本的产权意识,让文旅融合的进度出现停顿。比如,现代文化作品存在广泛的抄袭现象,一个文化产品在成功之后,被进行各种形式的抄袭和改造,并随意嫁接一系列旅游场景和文化历史,这不仅会对文化创造者的创造积极性造成影响,还让这些旅游场景和文化历史之间的联系变得尴尬和疏离。又如,一些文化资源和旅游资源属于公共产品的范畴,任何享受者都能够对这些资源进行重塑和再造,但是文旅领域中一些不良竞争者,妄图私有化一些旅游景观,以此来谋取私利,这就曲解了产权意识的本意,造成文旅融合的停滞。

3. 个人经济意识难以产出实际效益

经济和文化之间的联系是异常紧密的,文旅融合的背后实际上就是国家为经济发展下的棋,是优化经济结构和强化经济动力的关键举措。但是,个人经济意识未能给文旅融合产出足够的实际效益。第一,私有化是个人经济意识的主要内容,文旅融合是一个宏观的话题,如果将文旅融合和私有化牵涉到一起,就会让文旅产品失去广泛的根源,成为私人的产品。第二,无端且无序的竞争将混乱市场规则,竞争意识是个人经济意识的组成部分,受制于市场信息和操盘能力的匮乏,一些个体行为者会通过无端的竞争来吞并市场份额,这些行为者由于份额少、数量小,不会从根本上破坏市场,但是会引发市场规则的紊乱,造成更多的无序竞争。第三,经济意识不能完全揭示文旅领域背后的精神和价值,即便通过商业贸易和市场竞争等经济行为,能够让文旅产业出现新的价值,但是其文化和旅游的精神价值,并不能简单从经济活动中体现。简单来说,文旅融合的实际效益不仅是经济上的,更应着眼于精神领域,但是目前的文旅市场尚未完成这项任务。

第二节 文旅融合规划面临的挑战

一、政府层面的文旅融合规划问题

1. 一些政府规划与政府财政预算难以衔接

政府财政预算是政府规划的重要组成部分,因为政府规划涉及其在未来的具体行为策略和计划,这些往往需要充分的政府财政预算来支撑。但是在推进文旅融合进程中,一些政府规划和政府财政预算未能得到有效衔接。首先,一些政府会对文旅融合的质量做一个简单的规划,设定一个能够量化文旅融合水平的具体数值,这个数值过高或者过低都将导致政府财政预算与之脱钩,过高会引发财政赤字,政府规划就会变得形同虚设,过低就会让文旅融合的责任主体失去积极性,导致这一战略不再拥有既定的经济意义或是精神意义。其次,一些政府规划周期和政府财政预算周期出现了脱节,政府预算一般是以年为单位进行编制的,但是作为一个长远的经济战略,文旅融合势必会包含更长的时间段,因而从整体上看,政府财政对文旅融合的支持强度是波动的,前一年对文旅融合的支持力度越大、投入越多,下一年可能就不能获得前一年般充分的财政倾斜,因为每年政府都会根据当年的发展计划和财政预算情况进行重新调整和规划。最后,一些政府在规划中从未明确政府和私人的财政投入边界,尤其是在当今公私合作日益紧密、政府和企业互动越加频繁的时代,无论是综合性规划,还是行业规划和区域规划,在谈及资金来源时,都有强调政府和社会要共同参与[①]。对于文旅融合这种兼具经济、文化等诸多环节的综合规划、跨领域规划,更需要政企、政社的通力协作,共同承担相应的财政问题,但是现在依旧

---

① 白景明.政府规划与政府预算绩效管理[J].郑州大学学报(哲学社会科学版),2016,49(3):49-52.

习惯于由政府独自投入,完成这些工作,公私合作成为了一纸空文。

2. 一些政府规划和部分地方发展现状缺乏适配

文旅融合是从国家向地方推进的一项新兴战略,中央政府对这一战略的规划本身就经过了深思熟虑,是符合国家当下经济格局和发展需要的,但是少数地方在遵守和领会中央文旅融合规划的精神时,却并未结合地方发展的实际境况。比如,一些政府会出现较为明显的思维惯性,简单沿袭中央制定的指标体系与目标值,来形成地方政府规划的具体指标,这显然就是不符合常理的。以"体现创新"为例,各地都会将常见的专利投入强度、人均专利、技术合同交易额等项纳入指标,但因为不同产业的创新方式不同,各地设定上述指标的内容和增长率也需有所调整。又如,有的地方具有大量未开发的旅游资源,政府却不急于规划招商引资,仅仅依靠辖区内的企业来包装和宣传,难以深度开发这些旅游资源的价值和效用。再如,有的地方拥有深厚的文化底蕴,但是政府规划却不善于挖掘文化资源,也未曾规划地方高校、研究所等专业机构对当地的文化内涵进行深入研究,这就导致文旅融合的内容和深度都不够充分。还有一些情况在前文也有提到,当一个地方尚未完全解决基本生活问题时,政府就应致力于提高地方基础设施建设水平,但是为了回应中央的文旅融合战略,就强行推进了地方的文旅融合,导致政府规划和地方发展现状的适配性不足。

3. 一些政府规划制定程序不够公开和透明

文旅融合涉及政府、企业、社会组织、个人等多方主体,因此,文旅融合规划的制定也不应是政府的"一言堂",而是需要这些主体的协同参与,既符合政府规划制定程序的正义要求,也有助于提高政府制定文旅融合规划的有效性和针对性。但是,有的政府规划的制定程序并不够公开和透明,这集中体现在文旅融合的相关主体都未能参与其中。在一些地方,所有市场主体、社会主体都只能被动接受文旅融合规划的内容,按照其原定的计划和方案采取行动,这也将会引发一系列的连锁问题:一方面,一些政府针对文旅融合的规划制定缺乏专业性,尤其是企业、专业社会组织的缺位,会让政府对文旅产业、文旅市场的认知出现漏洞,进而制定出不够卓有成效的文旅融合战略。另一方面,一些政府针对文旅融合的规划存在"画大饼"的嫌疑,由于缺乏广泛社会力量的介入,文旅融合只能成为一种有益的经济、文化结构改革的设想,而缺乏真正落地、付诸实践意义的效用。

二、社会层面的文旅融合规划问题

1. 一些企业的文旅融合规划忽略长远性考量

所谓企业规划指的是企业通过对外部不可控因素的对比分析,把握有利时机、规避风险,提升快速应变能力和创新变革和可持续发展能力。文旅融合作为一项国家牵动、社会协作的重要战略,企业就需要建立起更为充分和完善的文旅融合规划,在响应国家号召的同时,提高自身在文化、旅游等领域的竞争力,提高自身的经济效益。但是,一些企业的文旅融合规划却忽略了长远性考量,这集中体现在一些企业将文旅融合规划视为一种获得短期利益的策略和手段,却未真正将其作为一种长期战略。出现这一现象的原因包括以下几点:第一,作为一种新的发展战略,国家及政府层面出台的政策和规划大多是指导意义的,至于文旅融合"怎么融""哪里融"等一系列问题,就要靠企业来摸索,尤其是涉及文化产业和旅游产业的结合,更离不开企业的实践,要利用合理的企业规划来予以推进,但是有些企业会陷入"缺乏政府实践指导"的困境,导致企业的规划忽略长远性。第二,一些企业的规划热衷于追求一项政策或是工程的"快速折现率",但是文旅融合是不能一蹴而就的,其需要培养资源、孕育产业,是一段漫长而又艰苦的历程,这对于有些企业而言是难以接受的。这些企业更习惯于自身原有的产业结构和功能定位,因此他们往往会热衷于围绕文旅融合战略制定短期规划,快速获取一部分政策红利之后便撤回了相应的投入,停滞了文旅融合进程。

2. 一些企业的文旅融合规划注重经济性而忽略人文性

经济属性是企业最重要的特质,从企业在国家和社会中的地位和作用而言,其本身就是一个"资源配置的机制",能够实现整个社会经济资源的优化配置,降低整个社会的"交易成本"。因此,企业的文旅融合规划自然将更关注自身的经济属性,希望通过文旅融合来拓宽产业链条、完善产业结构,获得产业转型的红利。但是在这过程中,一些企业容易忽略文旅融合的人文性。比如,一些企业不注重深入挖掘文旅要素的内涵和深度,一味通过走量的形式出售文旅产品,这不利于发扬文旅要素的精神价值。又如,一些企业一味注重延长文旅产业链条,忽略文旅融合带来的新兴产业和当地发展和人文环境的适配度。产生这些问题的原因主要是:对企业而言,其核心竞争力在于经济规模的大小和市场份额的多少,只有足够大的经济规模和市场份额,才能让企业在保证生存的基础上扩大规模,实现更多的盈利。即便企业可以通过文旅融合实现更为优越的人文属性和人文价值,进而创造更多新颖的经济发展机遇,但是文化要素、旅游要素中的人文属性极难被开发,需要更加专业的人文学者、更庞大的工作团队,来构建既能保证经济性也能彰显人文性的文旅融合,显然这样的成本对相当一部分企业,尤其是对那些以传统文化产业为核心的企业而言是难以接受的。

3. 社会各界的文旅融合规划存在竞争和冲突

社会各界对文旅融合的规划各有不同,原因在于他们的根本目标存在差异,像企业、营利性社会组织等致力于获得更多的经济利益,提高自己的经济地位,像公益型社会组织等则是希望通过妥善规划文旅融合,让更多人享受文化、旅游资源的积极效益,致力于更好地塑造个人的精神世界。这些主体之间的文旅融合规划也因此产生了竞争和冲突:第一,不同企业、营利性社会组织都希望通过挖掘文旅资源,扩大文旅经济实力,即便我国文旅资源充分,但是这些企业难免会为了争夺某一项文化要素或是旅游要素的管理权、使用权或是交易权而进行竞争,甚至出现破坏市场规则的恶性博弈。第二,在牵涉到同一类文旅资源时,企业等营利性社会组织和公益型社会组织之间存在冲突,企业和营利性社会组织会为了经济财富而出售文旅产品,公益型社会组织却会另辟蹊径地将这些文旅产品转化成一种"公共产品",这就影响了企业和营利性社会组织的敛财渠道,两者冲突也由之生成。

三、个人层面的文旅融合规划问题

1. 地方领导文旅融合战略规划水平参差不齐

文旅融合是中央和地方共同联动的系统性战略,经国务院批复同意后,国家发展和改革委员会、中央宣传部、文化和旅游部等部门联合印发的《"十四五"公共服务规划》指出到2025年要适应人民群众多样化、个性化、高品质的健康、文化、旅游等服务需求,生活服务标准化、品牌化建设取得重大突破。具体而言,要深入发展大众旅游、智慧旅游,创新旅游产品体系,改善旅游消费体验。加强区域旅游品牌和服务整合,建设一批富有文化底蕴的世界级旅游景区和度假区,打造一批文化特色鲜明的国家级旅游休闲城市和街区。中央对文旅融合的规划是基于宏观经济发展格局所做出的考量,是有益于我国经济发展前景的重要策略,与此同时,地方政府在吸纳中央对文旅融合的规划和要求时,必须要同步制定符合地方发展境况和资源水平的文旅融合规划,只有这样才能自上而下齐力打造文旅融合的整体性格局。但是一些地方领导在规划各地文旅融合战略时的水平参差不齐。比如,一些文旅融合规划势必和一些企业产生纠葛,一些企业往往就会在投标前和一些地方领导进行交流,暗中操纵,以提高中标率,这样文旅融合规划内容就将牵扯更多的利益因素,致使文旅融合成效弱化。又如,一些地方领导的规划水平体现在其规划的长远性,往往只有那些能够瞻前顾后,懂得分配和汲取资源的领导,才能制定出更具有地方特色、更能挖掘地方潜力的文旅融合规划。

2."基层精英"群体在文旅融合规划中的阻碍作用

正如前文所言,文旅融合规划是涉及包含企业在内的诸多主体的综合性、系统性规划,而在地方,基层精英则是一个不可忽略的群体。从社会地位上看,基层精英比较贴近于"近似于官而异于官,近似于民又在民之上"的"乡绅",但是基层精英的表现形式又有异于"乡绅"。因为"乡绅"大多是封建社会的产物,主要由科举及第未仕或落第士子、当地较有文化的中小地主、退休回乡或长期赋闲居乡养病的中小官吏、宗族元老等一批在乡村社会有影响力的人物构成。基层精英则在现代场域下更多指的是那些在地方有名气且有实干经验的企业家、具有广泛见识的学者,也包括"乡绅"中提及的宗族元老等。基层精英群体尽管不具备掌握公共权力的能力,但在集体行为和集体活动中享有较高的威望和话语权,这将影响以文旅融合为代表的政府规划的建设和推进。例如,政府规划和地方传统文化发生矛盾的现象在一些乡村层出不穷。文旅融合规划实际上就是政府针对辖区内文旅资源做出的调整,而一些地方民众执拗于传统的宗族、宗教文化,不愿意政府的文旅融合规划落地,而这些基层精英就会作为地方民众的代表,和政府展开博弈和交锋,最终成为桎梏地方文旅融合的重要因素。

3. 普通公民难以有效参与文旅融合规划

文旅融合规划关系到千家万户的经济生活和文化生活,因为其涉及文化、旅游两大产业体系,在这两大产业中的从业者都将成为文旅融合的主动参与者。同时,文旅融合赋予了旅游产业更深刻的文化内涵,赋予了文化产业更优渥的旅游资源,进一步充实了人们的精神世界。因此,每一位普通公民实际上都是文旅融合的间接参与者。由此观之,文旅融合规划需要提供普通公民一席之地,但着眼于现实,普通公民却难以有效参与到文旅融合的规划之中。一方面,普通公民并不了解文旅融合的内涵和根本目标,往往是被动的参与者,参与文旅融合规划的积极性和有效性均不足。另一方面,普通公民即便知晓文旅融合的目的和价值,形成自己的思考和见解,也无法真正参与到规划的议程当中。

第三节　文旅融合实践面临的挑战

一、政府层面的文旅融合实践问题

1. 文旅融合相关的公共设施落后

各类政策的出台都需要配备足够充分的公共设施,这才能保证政策真正可以沿着政府预设的轨迹运行,若是公共设施不够充分,再好的政府规划、再完善的公共政策也只是空中楼阁、镜花水月,目前,一些地方的文旅融合就面临这样的窘境。第一,文旅融合涉及的传统产业包括餐饮、住宿、购物、娱乐等诸多要素,但是一些地方与这些要素相关的文旅中心城镇、文旅城市形象的塑造都不够充分。除了这些集群式的公共设施之外,还有图书馆、科技馆、文化馆等承载文旅资源的公共设施,以及与之相配套的高星级酒店、饭店、停车场、游客集散中心等都不能及时到位,甚至一些文化场所还出现被无端挪用和废弃的情况。最终,这些文旅融合公共设施既不能得到充分建设,又占用了原有的公共设施资源,使其失去使用的价值。第二,文旅融合还涉及一些智能型的公共设施,例如智慧旅游城市、旅游购物网点、接待旅客的软件设备等。在一些互联网经济和电子信息技术较为发达的城市,这些智能公共设施的建设也只是初具雏形,未能真正构成系统性的智能型文旅设施,对文旅融合的赋能水平也较为薄弱。对于那些数字经济不那么发达、地方技术水平和智能管理能力都未达到理想状态的区域而言,他们更是缺乏文旅融合的智能公共设备及其掌控能力。最终,政府在传统公共设备上的维护和建设能力不足、对智能公共设备的创造能力较弱等问题,共同导致了一些地方出现文旅融合公共设备落后的问题。

2. 文旅融合财政经费分配不合理

财政经费大多是指国家运用价值形式参与社会产品分配，形成归国家集中或非集中支配，并用于指定用途的资金。文旅融合这种事关文化和旅游产业优势互补、整合发展的新业态，尤其需要大量的财政经费，即政府的资金投入来促进其运转。具有良好财政经费运用能力的政府，往往能合理支配自身所拥有的资源，让政府的规划和战略得以落地。但是也有一些政府在推进文旅融合进程中，出现了财政经费分配不合理的问题，导致文旅融合陷入"浮于表面"或是"陷入停滞"的困境。在目前地方政府的文旅融合实践过程中，政府将大量资金投入到文旅融合的宣传当中，以福州市为例，根据福州市文化和旅游局官方网站公布的《2019年度原福州市旅游发展委员会部门预算说明》和《2019年度原福州市文化广电新闻出版局部门预算说明》，在2019年福州市文化和旅游行政管理部门预算安排中，旅游宣传经费（含媒体宣传、国内外旅游市场开拓、旅游宣传品制作以及重点媒体和旅行商考察踩线接待等）数额最大，足足占了文化和旅游相关业务的57.07%[①]。由此可见，政府在实践文旅融合战略时，大多数情况下也只是将文旅融合视为一种思想或是意识，即将财政经费更多地放在文旅融合的宣传上，让社会中的集体和个人都形成这一思想，这也导致政府不愿意在其他更多的实践领域投入足够的财政力量，出现分配不合理问题。

3. 文旅部门融合程度较低

正如前文所言，文旅融合的表现之一就是文旅部门的结合，只有建立体系化的文旅管理机制，才能让文旅融合更具规划性和有序性。但是目前文旅部门融合程度还相对较低，这集中体现在文旅政策接口尚未彻底打通、文旅行业监管出现交叉和多头现象等。文旅政策接口尚未彻底打通表现为文化产业和旅游产业之间的政策未能形成有效关联的路径，尤其是省、市级政策接口还不够完善，在一些地方的文旅融合中，文化与科技融合、电竞产业、影视产业、音乐产业等领域，没有市级政策进行引导匹配，国家文化产业扶持资金还没有设立专门的市级管口部门。在诸多重大项目建设过程中，文化旅游类项目的开发利用通常涉及文物、国土规划、建设、环保等多部门审批，程序繁杂，文旅融合行业监管的交叉性也由此产生。例如：发改委负责调控景区（景点）门票和服务收费，

[①] 李娜娜. 福州市推进"文旅融合"进程中存在的问题与对策研究[D]. 福州：福建师范大学，2020.

对景区(景点)内的饭店、商店、停车场等进行定价;市场监管局负责惩处未取得旅行社业务经营许可证却从事旅行社业务、挂靠承包和变相转让旅行社经营权、擅自使用其他旅行社的名称从事旅行社业务等行为;文旅局负责文旅资源宣传推介、承办节庆活动、促进产业融合、文化旅游质量监督与管理、景区景点及旅行社管理,等等。这些部门间交叉管理现象以及分散的权责关系加大了文化旅游行业监管难度,容易产生部门职责混乱、消费者辗转投诉等问题。

二、社会层面的文旅融合实践问题

1. 社会层面的跨界投资热度难以维持

涉及文旅融合的投资势必包含文化、旅游两个领域,除此之外,金融、科教等相关领域也会出于谋求政策红利的需要,在文旅融合进程中注入资金,广泛吸纳各路资源,最终,在社会层面,围绕文旅融合形成了高昂的跨界投资热度。但是这种跨界投资热度却难以得到有效的维持,主要表现在一些拥有较高知名度的大型企业开始逐渐将精英团队、主要资金转移到其他领域,转手自己旗下的文旅资产。出现这一问题的原因大多包含以下三点:第一,新冠疫情大大地桎梏了文旅产业的发展进程,在疫情的肆虐下,人们的生活习惯和假期安排一度被改变,活动范围因疫情限制而逐渐萎缩,文旅意愿大大降低,大量客流量顶格的景区都不禁发出"活下去才最重要"的呼喊,其他腰部、尾部文旅企业的处境只会加倍艰难。第二,"文旅+地产"的文旅融合模式逐渐式微,跨界的企业往往有着深厚的房地产背景,例如万达、恒大、世茂地产、山水文园等。在这类企业看来,旅游和房地产是紧密绑定的,甚至在中国文化和旅游部组建并提出"文旅融合"之前,"文旅"一词就是地产商们的炒作热点,但是随着国家一系列抑制房价和调控地产市场政策的出台,尤其是国家发改委提出要严格限制主题公园配套房地产,严控特色小镇房地产化,这就使得过去跨界企业低价拿地的套路被封堵。作为文旅融合的主力,这些房地产商也渐渐失去在文旅融合进程中跨界投资的热度。第三,依托稀缺文旅资源进行的投资手段难以见效,收购稀缺的旅游资源主要是看重资源价值的升值空间,比较典型的有燃气大王新奥集团,接连投资鹰潭龙虎山、西藏阿里神山圣湖、雅鲁藏布大峡谷景区、林芝鲁朗花海旅游区等。但是,开创这些稀缺资源花费的成本,未必能在文旅融合市场中得到回馈。因为不同的文旅产业和消费者群体都具有自己适合的模式和方向，广泛涉猎稀缺文旅资源，反而会陷入"难以采用各自恰当的文旅模式"的困境，这也就导致大量的文旅投资者不再热衷于对一些稀缺文旅资源进行投资，跨界投资的热度也逐渐熄火。上述因素从环境、模式、手段的变化出发，导致了文旅融合的投资稳定性弱化，最终使得跨界投资的热度难以维持，无法对文旅融合发挥持续性、长期性的作用。

2. 缺乏核心 IP 的创造能力

互联网界的"IP"可以理解为所有成名文创（文学、影视、动漫、游戏等）作品的统称，其本质是一种知识产权的化身。在文旅融合战略中，IP 就指的是文旅产业中极富创新性，且在整个产业领域起到代表性作用的产品。优质的 IP 对文旅融合而言是极其重要的，"得 IP 者得天下"，也是文旅行业内的高频词。中国旅游研究院副院长李仲广表示："IP 是现代旅游业体系的重要内容。旅游业发展一定要基于人，回到'当代人'，回到'旅游人'上面来。"春节期间，以河南博物院乐舞俑为原型创作的舞蹈《唐宫夜宴》，在登上河南春晚后意外出圈，火爆全网。随后，河南卫视紧跟热度，又推出了 2021 元宵节特别节目"河南博物院元宵奇妙夜"，再次在网络上掀起热潮，相关话题一度登上微博热搜。《唐宫夜宴》舞蹈的原型彩陶女俑的馆藏地河南博物院也因此"一战成名"[1]，文化和旅游之间的糅合也因此迸发新的活力。但是，核心 IP 的创造力依然得不到充分的发挥，文旅 IP 的独创性、趣味性不足，例如，曾经火爆一时的白鹿原景区，每逢节假日均会出现景区周边水泄不通的情况，影响游客体验感，也会出现文化村商业化、空心化现象，里面的关中小吃随处可见，却见不到当地民俗，无法打造一个更具地方特色、地方活力的 IP 特产。除此之外，我国文旅融合在选择 IP 进行依托时，往往热衷于引进海量国际项目，因而挤压了国产项目的创造空间和发展空间。例如迪士尼主题乐园在国内落地之后，国内又建成了环球影城、上海的乐高主题公园，后续的派拉蒙、华纳兄弟等也有入驻计划。虽然这有助于丰富国内的文旅市场，但也深刻颠覆了国内现阶段的主题公园水平，加大本土 IP 的建设难度[2]。

---

[1] 环球网.文旅市场为什么越来越重视打造 IP？［EB/OL］.［2021-07-06］. https://baijiahao.baidu.com/s?id=1704526637381891358.

[2] IP 文旅时代，文旅业面临哪些新困境？［EQ/OL］.（2021-06-02）［2022-08-01］. https://new.qq.com/rain/a/20210602A02NES00.

三、个人层面的文旅融合实践问题

1. 领导者难以合理借鉴文旅融合实践样本

借鉴广泛的文旅融合实践样本,对诸多推行文旅融合战略的地方政府而言是必要的。在不同地方,文旅融合的推进程度受到当地文旅资源质量和文旅产业发达水平影响,一些文旅资源充沛、文旅产业完整的地方政府一般都能在文旅融合进程中走在前列,形成相应的文旅融合实践样本,其他的地方领导者也会倾向于学习现成的实践样本,但是其借鉴能力在很大程度上会影响当地文旅融合的质量,一些领导者若是不能合理借鉴和学习,就会导致文旅融合的质量低下,在现实世界中,这些领导者并不在少数。例如,一些地方致力于扩充商业活动来延长文旅产业链,从商业活动出发将文化、旅游进行结合和重塑,因此,有一些地方致力于招商引资,希望引入更多的大型企业和成熟生产链入驻,帮助地方开发高质量的文旅资源,但是他们在实践中一味强调外来的企业进驻,没有将改善当地自身的营商环境、发展当地的文化和旅游企业作为政务实践重心。再例如,一些地方拥有丰富的文化资源,地方政府便借各式各样的宣传工具,既包括传统的电视、报刊,也包括一系列新媒体技术,提高当地文化资源的宣传力度,扩大旅游市场,但是一些地方政府既不愿意深入挖掘文化底蕴,自身又缺乏现有的文化资源,因而就会出现复制、照搬其他地方文化资源的现象,出现"同一种文化,存在不同归属地"的现象,这不仅让文化本身出现"造假"的嫌疑,也会影响地方政府形象。文旅融合的成功不可复制,合理借鉴文旅融合的实践样本,与其简单复制,不如谨慎借鉴,结合地方实际情况和需求。

2. 缺少"技术专家"的技术助力

技术助力和前文谈及的技术意识是两回事,缺乏技术意识是"没有意识到用技术解决问题",缺乏技术助力是"知道技术的重要性却没有足够的技术能力"。在现行旅游管理专业人才培养方案中,对能力要求的表述大多为"熟练运用信息技术并擅长使用量化研究方法与软件工具""独立学习和掌握多学科视野和多样化方法的能力""良好的国际学术交流、跨文化沟通能力""具有批判性思维和创新能力"等。从目前的招聘启事的人才需求条件来看,用人单位看重的能力依然是"沟通表达能力""文案写作与策划能力""数据分析能力""社交媒体运用能力""创意策划能力"等,同时目前也有提及"具有对新技术、新业态的掌握能力",即"熟悉新业态新动向,并能很好地运用与创新策划应用的能力"。从这些表述可以看出,随着文旅融合的推进,特别是一些新技术在文旅产业中的应用,用人单位对人才掌握新技术应用、新业态动态的要求逐步提高[①],需要更多的"技术专家"为文旅融合助力。但是对绝大多数地方政府而言,传统的文旅产业支配者、文旅要素掌握者,即便需要用到技术力量,由于其创新意识的不足,且倾向于使用传统的技术,因而不屑于也不擅长用新兴技术来促进文旅融合,这些"技术专家"也无用武之地了。

---

① 张朝枝,胡婷.文旅融合发展趋势对旅游人才需求特征的影响[J].旅游论坛,2021,14(5):26-33.

第三章

江苏文旅融合的发展现状

(第三章)

第一节　江苏文旅融合的总体路径

一、规划文旅融合布局，开拓文旅产业发展空间

1. 充分运用自然景观

江苏省致力于发挥其独特的江海、河湖资源和自然人文风光景观的优势，积极推动沿江、沿海、沿大运河、沿湖地区文旅特色发展，依托"水韵之美"来规划文旅融合布局。首先，江苏省的文旅融合以充分的水文体系为脉络，用奔涌江流、稠密河网、温润湖泊、浩淼海洋等水文资源串起广阔的名胜遗迹和文化画廊，进而发挥江海河湖通达四方的优势，打造一批跨区域的世界级、国家级旅游景区、度假区和旅游廊道。其次，江苏省重铸水文之魂，挖掘吴文化、楚汉文化、金陵文化、淮扬文化等传统地域文化内涵，构筑大运河文化、海洋文化、长江文化、江南文化等区域的文化传承高地，以大运河的繁盛、黄海的浩瀚、长江的壮阔、太湖的柔美和里下河地区的乡情等，生动展现水韵江苏大气温润、敦睦柔和的人文风貌。最后，加强区域联动，江苏省鼓励苏南、苏中、苏北地区发挥比较优势，强化区域空间特色塑造，通过推动陆海统筹、江海联动、河海联通、湖海呼应、跨江融合，以"轨道上的江苏"主骨架为契机，增强区域间文化和旅游融合互动，形成共建基础设施、共推重大项目、共享客源市场、共创知名品牌的联动发展格局。

2. 紧密依托文化遗产

文化遗产是不可再生资源，为了更好地保护遗产，保护民族文化，江苏省各市都将保护文化遗产作为本区"十四五"规划中的重要组成部分。首先，江苏省借文化遗产建设文旅融合示范区。以苏州为例，目前，苏州拥有古典园林、中国大运河苏州段两项世界文化遗产，至2020年底，全市共有联合国人类非遗代表作名录项目6个，国家级非遗代表性传承人50名。未来，苏州将加强遗产保护、利用，打响苏州"世界遗产典范城市"和"手工艺与民间艺术之都"品牌名号，以苏州文物建筑和国家文物保护为主题促进文旅示范区建设。其次，积极开拓文化遗产的文旅要素。以扬州为例，在京杭大运河沿线35个城市中，扬州段的遗产点最多，遗产面积最大，其遗产要素类型也最为丰富。扬州"十四五"文旅规划中提出，扬州将

依托大运河和长江沿线历史遗存、遗迹以及高邮湖、邵伯湖、宝应湖良好的生态环境,深入挖掘和整合沿江、沿运、沿湖文旅资源,加强运河和长江文化遗产的保护和利用,丰富文化遗产的文旅要素。最后,要以文化遗产为核心打造更具特色的人造景观。以盐城市为例,中国黄(渤)海候鸟栖息地(第一期)填补了中国滨海湿地类型世界自然遗产的空白之后,盐城市将进一步探索"世界自然遗产＋自然保护区＋自然公园"协同管理模式下的文旅发展路径,与盐城湿地珍禽国家级自然保护区、大丰麋鹿国家级自然保护区、东台条子泥湿地保护小区、东台市高泥淤泥质海滩湿地保护小区等文旅景区展开合作,积极推动世遗国家公园的建设。

3. 加强文旅融合发展产业示范区的辐射力度

江苏省文化和旅游产业融合发展示范区是指文化特色鲜明、旅游资源丰富、文旅融合要素和市场主体集聚、文旅品牌知名度高、相关链条深度融合、产业配套体系完善、产业发展优势明显、社会效益和经济效益显著,在推动文化和旅游产业融合发展方面具有示范带动作用的区域。江苏将开展文化产业和旅游产业融合发展示范区案例研究及路径探索工作,深入分析江苏文化和旅游产业融合发展情况,研究提炼江苏融合发展示范区的经验做法,为全国开展文化和旅游产业融合发展示范区建设提供"江苏做法"[1]。在培育现有的文旅融合发展产业示范区基础上,江苏省计划到2025年,形成彰显江苏特色、体现行业示范性的文化和旅游产业融合发展模式,打造一批发展水平全国领先的数字文化产业、文创设计产业、动漫游戏产业和旅游装备制造业集群,培育一批有实力有影响的文旅骨干企业,建成3个以上国家文化和旅游产业融合发展示范区、3家左右国家文化和旅游消费示范城市、10家左右国家级夜间文旅消费集聚区,大幅提升文旅消费对全省经济发展的贡献度[2]。

二、挖掘文旅融合产品,优化文旅成果创作生态

1. 优化文旅融合精品的创作平台

江苏省把提高文旅融合产品质量作为其发展的生命线,致力于为群众提供

---

[1] 紫中新闻.江苏文旅头条|文旅融合发展产业示范区如何创建?"江苏做法"探路先行[EB/OL].[2021-12-20]. https://baijiahao.baidu.com/s?id=1719675335046557806.
[2] 新华日报.全省文化和旅游产业融合发展示范区建设工作推进会召开[N/OL].[2021-12-23]. http://www.jiangsu.gov.cn/art/2021/12/23/art_60095_10223083.html.

更丰富、有营养的文旅融合精品。基于这一思路,江苏省围绕中国共产党成立100周年、党的二十大、新中国成立75周年等重要时间节点和党史、新中国史、改革开放史、社会主义发展史等重要主题教育时间段,合理集聚和配置资源,健全重大现实题材、革命题材、历史题材创作规划组织机制,增强"水韵江苏"主题作品创作。为此,江苏省实施以文艺作品为代表的文旅融合精品创作扶持工程,打造文旅融合精品的创作平台。首先,以时代背景塑造创作平台的基本样式。江苏省落实"代表性重要人物和重大事件"创作计划,重点投入打造一批彰显中国气派、具有江苏特质的时代力作。其次,提高创作平台的运行质量。江苏省发挥文艺评奖的导向作用,持续举办江苏省文华奖、江苏省"五星工程奖",面向全国举办紫金戏剧文学奖。再次,加大艺术作品展示传播力度,搭建惠民演出平台。江苏省积极支持优秀艺术作品多演出特别是服务基层公益性演出,将线上演播与线下演出结合,促进舞台艺术业态创新、升级换代,让艺术作品在各类文旅空间展示展演,从而打造一批"观演赏景"精品线路。

2. 营造文旅融合产品的良好生态

营造文旅融合产品的良好生态具体包括提供文旅融合产品的生产场域,也包括供应文旅融合产品的激励策略。一方面,在提供文旅融合产品的生产场域上,江苏省致力于激发广大艺术工作者的创造热情、创新活力。江苏省认真贯彻落实中共中央办公厅、国务院办公厅《关于深化国有文艺院团改革的意见》实施办法,不仅开展国有文艺院团评估定级,建设一批重点文艺院团,实现院团创演质量、管理水平、服务效能提升,还引导文艺院团坚持创新创造、精益求精的创作追求,做强优势艺术门类、做精重大主题创作,推出更多"叫得响""立得住""传得开"的精品力作。除此之外,江苏省建好文化馆、大剧院等地标性平台,布局打造一批街头巷尾的公益性小剧场,为多出精品多出人才提供阵地支撑。另一方面,在供应文旅融合产品的激励策略上,江苏省强化扶持激励,鼓励各地设立支持艺术创作生产的资金、基金。根据"加强新时代文艺评论工作,健全文艺评论标准,建强文艺评论阵地"的基本理念,江苏省不断完善线上、线下文艺评论引导协同工作机制,注重对新人新作的评论,针对热点文艺现象等及时组织开展文艺评论,更好发挥价值引导、精神引领、审美启迪作用。

3. 培育文旅融合产品创作人才

争夺人才是当下每个城市必须要考虑的问题,在文旅融合领域的人才培养上,江苏省各市采取了各具特色的策略。例如,镇江市在优化了人才管理和评定体系的基础上,"十三五"期间出台《关于加强全市高层次文化人才队伍建设的实施意见》、实施《镇江市金山文化人才计划实施办法(试行)》等专项文件政策,为抓好高层次文化和旅游人才队伍建设提供坚实基础。首先,镇江市优化人才工程申报服务,自下而上做好申报考核服务保障,近三年就有37名人才入选各项高层次人才工程。在此基础上,镇江市每年组织文化和旅游条线市级、辖市区、乡镇人员赴高校开展能力素质培训,形成三级联动共同提升镇江文化和旅游工作水平新局面。其次,镇江市充分发挥系统内文博场馆继续教育基地作用,做好系统内业务知识"普及"工作。最后,镇江市致力于提升人才精神风貌,每年选调文化和旅游人才参与各项人才主题研学和交流活动,涵养人才身心,激发文旅融合产品创作热情[①]。而淮安市则强调提高人才对当地文旅资源的体验感,借此来创作更高质量的文旅产品。"淮上英才卡"是淮安市人才服务工作的金字招牌,通过细致、精准的服务给高层次人才提供良好的体验感、成就感。基于此,"市域收费景点'淮上英才卡'持卡免门票"项目是淮安在人才服务方面集聚本地资源进行的创新突破,其不仅完善了"淮上英才卡"服务功能,还进一步发展了旅游新业态、提升了淮安文化旅游的吸引力,是淮安人才、文旅等多部门联合的成果,进一步推动了人才工作与文旅工作的融合发展。

三、提高文旅融合效能,完善文旅服务供给体系

1. 加速城乡文旅服务一体化

城乡文旅服务一体化是城乡发展一体化发展中必要的一环,是通过提供文旅公共服务来满足城乡需求和协调城乡差异的重要策略。为此,江苏省不仅加快城乡文旅服务网络建设,还以经济为基点,探寻城乡文旅服务融合的新路径。首先,江苏省不断完善提升省级文旅服务实施标准和市、县两级目录,在此基础上,优化城乡文旅服务协同发展机制,引导各类文旅活动、文旅服务向农村延伸。例如,江苏省以县级图书馆文化馆总分馆制为抓手,推进城乡流动文化服务常态化,适当拓展乡村基层综合性文化服务中心旅游、电商等功能。再例如,江苏省尝试创新打造一批融合艺术展览、文化沙龙、轻食餐饮等服务的城市书房、文化驿站等旅游产品,营造"小而美"的城乡新型公共文化空间、旅游项目,

---

① 镇江市文化广电和旅游局.镇江积极推进文化和旅游人才队伍建设[EB/OL].[2022-04-21]. http://wlt.jiangsu.gov.cn/art/2022/4/21/art_695_10422747.html.

同时通过鼓励各地推出优秀群众文艺作品,积极开展群众文艺创作展演活动,形成一批有影响力的城乡群众文旅品牌。其次,江苏省完善了文旅服务的销售方式,将文旅融合、经济增长合二为一,进而促进城乡文旅服务的均衡发展。乡村在文旅服务的供给中一直处于劣势地位,为此,江苏省积极推进乡村在创造、销售文旅服务上出现新的动能,不仅补充乡村文旅服务供给的漏洞,更进一步响应了乡村振兴的要求。这种策略是卓有成效的,在第十一届江苏省乡村旅游节中,就出现了50条乡村旅游精品路线:徐州马庄村原本是采煤塌陷区,通过修复生态、优化环境发展文旅产业,实现资源枯竭到绿色马庄的转变,"马庄经验"被写入省政府工作报告;溧阳庆丰村借助色彩斑斓的"1号公路"推出"金色庆丰、艺术田野"农旅项目,从贫困村变为诗意田园"网红村"、旅游富民"样板村"[①]。

2. 提升基层文旅服务水平

基层文旅服务水平的提升是体现文旅融合效能,衡量文旅服务供给体系质量的重要依据。为此,江苏省健全公共文化服务供需精准对接机制,通过下沉文旅服务、扩大文旅服务覆盖群体,提升基层文旅服务水平。首先,江苏省积极将文旅服务融入基层日常生活,例如组织开展戏曲进校园、戏曲进乡村等送文化下基层活动,面向未成年人、老年人、残疾人和流动人口等不同群体开展差异性、针对性的公共文化服务,在此基础上精准开展文旅服务供需对接和绩效动态评价,创造"需求采集、服务供给、效果评价、改进创新"的良性循环。其次,江苏省创新实施文旅惠民工程,提高公众文旅服务的参与率、知晓率和获得感。以城乡社区为重点,江苏省启动实施"千支优秀群众文化团队培育计划"和"千个最美公共文化空间打造计划",提升"送、种、育"文化实效性,计划在"十四五"时期,培育一批有广泛影响的群众文化创作和活动"带头人",打造一批居民和游客乐享的公共文化空间,引导带动城乡群众在文化生活中"当主角、唱大戏"。最后,江苏省建立了高质量文旅服务的奖励机制。通过实行文化评奖与文化惠民相结合,组织江苏省文华奖、江苏省"五星工程奖"参评作品惠民演出和获奖作品集中展演,实现"上万观众进剧场、千万观众在线上"。

---

① 新华日报.江苏:文旅融合 赋能高质量发展[N/OL].[2020-10-09]. http://js.cri.cn/20201009/f118dd12-b02f-2cf5-85af-3d9ec5531f5c.html.

3. 鼓励社会力量参与文旅服务供给

文旅服务供给是公共部门和社会各界共同努力的结果,文旅服务供给体系则是这些主体相互作用和互动的工作框架,若是社会力量能更广泛地参与到文旅服务供给中,就将有利于文旅服务质量的提升以及文旅融合效能的优化。为此,江苏省计划构建开放多元的公共文化服务供给体系。一方面,推动公共图书馆、文化馆、博物馆、美术馆等传统公共部门的文旅服务主体拓展服务内容,创新服务形式,提升服务品质,吸纳不同社会群体开展阅读分享、大师课、艺术沙龙、手工艺作坊等体验式、互动式艺术普及活动,打造创意市集、街区展览等文化活动,打造公共文化服务品牌。另一方面,江苏省将推动文旅服务社会化发展,不仅促使政府购买文旅服务,还鼓励第三方参与文旅设施运营、活动项目打造和服务资源配送等,让社会力量参与建设新型文旅空间,在此基础上鼓励社会力量延长文旅服务的供给时间,例如让有条件的地区开放夜间文旅服务,使得文旅服务供给能做到多主体参与和多时段供应。

第二节　江苏文旅资源的有效整合

一、江苏省的文化资源

目前,江苏省的文化资源大致可分为以下几类,红色文化资源、物质性文化资源、非物质性文化资源三类。

1. 红色文化资源

2021年初,首批江苏省革命文物名录公布,其中有不可移动革命文物447处、可移动文物8759件(套),其中包括雨花台烈士纪念馆、新四军纪念馆、渡江战役纪念馆等见证江苏革命历史的遗址和纪念地,中山陵、新四军盐阜区抗日阵亡将士纪念塔等革命先烈的安葬地和陵园,中国人民解放军华东野战军前委指挥部和第三野战军成立旧址、人民海军诞生地旧址等重大事件发生地等,在这些地方保留了大量反映当时斗争状况的历史器物,比如作战武器、宣传标语、文件电报、医疗器械、小型运输工具、办公生活用具等。目前,江苏全省现已登记各级不可移动革命文物1 081处,备案革命类博物馆、纪念馆39家,国有馆藏革命文物87 696件(套),71个县(市、区)列入全国革命文物保护利用片区分县名单,革命文物资源总量处于全国前列,在"十三五"期间,省文物局组织实施了"江苏省红色遗产、名人故居维修保护和展示提升专项工程",2016—2019年共组织实施保护项目92项。除此之外,江苏省充分利用革命文物中蕴含的红色文化资源,鼓励支持各地文物博物馆机构、高校、科研机构、相关党史学会等深入对革命文物、史料的研究阐释,重点加强对雨花英烈精神、新四军铁军精神、周恩来精神、淮海战役精神等党的历史文化精神的研究,同时,江苏省也致力于对常州三杰精神、王继才精神、赵亚夫精神、张家港精神、华西村精神、博爱精神等江苏红色精神的标杆进行深入挖掘,探寻其中蕴含的思想内涵和时代价值。

2. 物质性文化资源

物质性文化资源指的是为了满足人类生存和发展需要所创造的物质产品及其所表现的文化,包括饮食、服饰、建筑、交通、生产工具,以及乡村、城市等有形的事物,而江苏省拥有文物遗产、乡村景观、自然风貌等囊括历史、人文、自然等广泛的物质性文化资源。2022年,江苏省首批推介的江苏文化遗产旅游精品项目包含了江苏13个设区市博物馆及代表性文化遗产点,每市选8处,构成13组文化遗产旅游精品。以南京为例,南京博物院、明孝陵、南京城墙、南京中国近代史遗址博物馆(总统府)、六朝博物馆、夫子庙秦淮风光带、大报恩寺遗址公园、南京云锦博物馆等都是较为著名的物质性文化遗产。江苏省还积极开拓乡村文化资源,受到新冠疫情影响,以短时间、高频次为特点的"轻旅游""微度假"线路产品广受游客青睐。为了大力发展乡村旅游,省文化和旅游厅在南京浦口举办全省第12届乡村旅游节,通过形成节庆品牌效应,创新研发乡村旅游线路产品,使乡村游线路产品对广大市民游客形成较强吸引力。考虑到江苏以水为脉的城市分布和生长脉络,江苏省以"水韵江苏"为主调提升文化品牌影响力。具体而言,江苏省着眼"水+文化"鲜明融合特质,设计打造"水韵江苏"新标识,以"水韵江苏·有你会更美"为主题,改造并整合沿线的文化产品,形成整体性的物质性文化资源。

3. 非物质文化资源

2006年11月,江苏省在全国率先制定并实施《江苏省非物质文化遗产保护条例》。江苏已有联合国教科文组织"人类非物质文化遗产代表作"10项,位列全国第一,包括昆曲、古琴艺术、中国剪纸、中国雕版印刷技艺、中国传统木结构营造技艺、南京云锦织造技艺、中国传统桑蚕丝织技艺(缂丝)、中国传统桑蚕丝织技艺(宋锦)、端午节、京剧,国家级非物质文化遗产名录108项,省级非物质文化遗产名录369项,市级非物质文化遗产名录1 424项,县级非物质文化遗产名录2 773项。全省基本建立起国家、省、市、县四级非物质文化遗产名录体系,并建立各类非物质文化遗产展示馆(厅)和传习所(传承基地)513个[①]。目前江苏省收录的非物质文化资源包含传统戏剧、传统音乐、传统舞蹈、曲艺、传统体育(含游艺、杂艺)、传统美术、传统技艺、民俗、民间文学、传统医药这几类[②]。

二、江苏省的旅游资源

江苏省拥有多元的自然风貌和深厚的历史底蕴,储备了丰富的自然旅游资源和人文旅游资源,为江苏省旅游产业蓬勃发展奠定了坚实的基础。总的来说,江苏省旅游景点分布并不均衡,存在较大的差异:一是沪宁沿线的苏州、无锡、常州、镇江和南京(苏南区域),二是长江北岸的扬州、泰州、南通(苏中区域),三是江苏北部的徐州、淮安、盐城、连云港和宿迁(苏北区域)[③]。

目前,江苏省共有25个5A级景区、208个4A级景区、265个3A级景区,5A级景区中又包括自然风光类景区(南京夫子庙秦淮风光带、南京钟山风景名胜区—中山陵园风景区、南通市濠河景区、宿迁泗洪县洪泽湖湿地公园、常州市天目湖景区、扬州瘦西湖风景区、苏州市吴中太湖旅游区等)、人文景观区(常州市中国春秋淹城旅游区、无锡市太湖鼋头渚景区、无锡市惠山古镇景区、苏州市同里古镇景区、苏州市周庄古镇景区、苏州园林景区)、历史文化区(淮安市周恩来故里旅游景区)、娱乐休闲区(中央电视台无锡影视基地三国水浒景区、常州市环球恐龙城休闲旅游区)等。由此来看,5A级景区中,自然风光类占绝大多数,历史文化、娱乐休闲类景区数量就较为稀少。

江苏省共有6个国家级休闲旅游度假区,分别是南京市的南京汤山温泉旅游度假区、苏州市的苏州阳澄湖半岛旅游度假区和苏州太湖国家旅游度假区、常州市的武进太湖湾旅游度假区和溧阳天目湖旅游度假区、无锡市的宜兴阳羡

---

① 江苏省省级非物质文化遗产名录[EB/OL]. https://baike.baidu.com/item/江苏省省级非物质文化遗产名录/22170458? fr=ge_ala.
② 江苏省非遗项目[EB/OL]. http://www.jsfybh.com/#/homePage.
③ 智研咨询.2020年江苏省旅游收入统计及旅游资源区域分布[EB/OL].[2021-04-06]. https://www.chyxx.com/industry/202104/943384.html.

生态旅游度假区和无锡太湖国家旅游度假区。其余省级休闲旅游度假区37个。除此之外，江苏省有6个生态旅游示范区，分别是苏州市的苏州镇湖生态旅游区和苏州市常熟虞山尚湖旅游度假区、徐州市的徐州潘安湖湿地公园、无锡市的无锡蠡湖风景区、常州市的常州市溧阳天目湖旅游度假区和泰州市的姜堰区溱湖风景区，以及39个省级生态旅游示范区。综上，江苏省的旅游资源种类丰富、数量繁多，在全国各省中排在前列，同时，江苏省政府对这些旅游资源的保护和管理也较为完善和妥帖，但是这些旅游资源的不均衡问题较为突出，显然，苏北地区的诸多旅游资源还有待进一步开发。

江苏省利用过硬的资源禀赋使得酒店业于近年来取得长足的发展，截止到2022年2月，江苏省15间以上住宿酒店设施24 366家，对应房间数共计1 282 926间，放眼全国来说处在上游水平。苏州与南京两市的酒店数、房间数位列前二，无锡虽然排在第三，但其总规模远不如苏州、南京，在剩下10个城市中，酒店存量分布规律大致呈现为苏南大于苏中大于苏北。其中，徐州是苏北诸市中酒店存量最高的城市，15间以上的酒店数达到1 641家。从各档位酒店分布维度明显可看出，苏州中高档豪华酒店最多，略多于南京，相对同省其他城市，宿迁、连云港拥有的中高档豪华酒店数较少，其中宿迁豪华酒店数甚至不足苏州十分之一。值得一提的是，高档与豪华酒店的数量往往能反映出一个地区住宿行业消费偏好，进而间接反映出当地文旅经济繁荣程度，南通近年虽然在经济总量上超过常州，但人均仍落后于常州不少，而这一规律在酒店行业中则表现为南通酒店总数高于常州，但常州的高端豪华酒店数远超南通同档位酒店存量值。从酒店级别来看，江苏省经济酒店占比低，往往意味着中高档等酒店建设力度强，发展水平更高，相比于其他省份，江苏省三座一线城市中经济型酒店市场占比皆低于全国均值，无锡的经济型酒店占比更是低于全国均值近十个百分点。江苏省多座二线城市中，徐州经济型酒店占比最高，达到了66.64%，常州则最少，仅为55.99%，常州与无锡经济型酒店市场占比数值接近，二者酒店市场中不同档位酒店占比分布情况也颇为相似。三线城市中，宿迁经济酒店占比最高，但仍低于全国均值(经济酒店占比低于均值说明中高档酒店数相对较高，酒店业发展或转型速率更快)，这也表明江苏各市酒店市场结构虽各有不同，酒店业发展程度有强有弱，但即便当中"弱者"放到全国范围对比，也具有较大优势[①]。

---

① 数据告诉你江苏的住宿市场现状及未来投资趋势[EB/OL].[2022-03-05]. https://www.sohu.com/a/527523981_121262017.

三、江苏省文旅资源的整合路径

1. 激发市场活力

文旅资源的所有权和使用权很大程度归市场中的私人部门所有,为此,江苏省致力于激发市场活力,由市场中的私人主体来推动和促进文旅资源的整合,具体措施包括:第一,江苏省积极实施壮企强企工程,支持文化和旅游企业通过资产重组、股份合作、品牌输出、转制上市等多种形式做优做强,在资产整合基础上拓展产学研协同创新平台,加快发展"新技术、新业态、新模式"企业,积极招引产业头部、区域总部企业,培育根植江苏以文化和旅游为主业、拥有自主品牌和核心竞争力的骨干企业和大型集团。第二,江苏省支持有条件的文化企业拓展旅游投资和运营管理,推动建设省级综合性旅游集团,并由这些头部企业来引导中小微企业树立工匠精神,锻造独门绝技,在提供个性化、多样化、品质化产品和服务方面形成竞争优势。第三,江苏省支持文化和旅游企业创新、创业,创造更多灵活就业和新型岗位,支持返乡入乡发展民宿、休闲农业、乡村旅游。为此,江苏致力于加强文化和旅游领域行业协会建设,在行业自律监督、提高服务质量、推进标准化建设、提供智力支持等方面积极发挥作用。

2. 搭建创作平台

文旅资源的整合不仅要相关主体的广泛参与,更是需要政府搭建充足的创作平台,让文化资源和旅游资源得以相互整合和共同创作,形成新的经济增长点和文化软实力。首先,江苏省通过提升文化资源和旅游资源的发展集聚度,吸引其他相关资源的进驻和整合。例如,江苏省优化文化产业园区建设,打造扬子江文化创意城市群、大运河特色文化产业带和长三角文化产业一体化发展示范区,形成一批发展水平全国领先的数字文化产业、文创设计产业、动漫游戏产业以及文化和旅游装备制造集群。其次,江苏省完善平台管理规则。江苏省通过规范文化产业示范园区(基地)认定、管理,支持文化特色鲜明、产业优势突出的文化产业示范园区(基地)挖掘和彰显文化特色,打造一批文化和旅游融合发展示范区,进而高质量创建一批旅游风情小镇,促进产业发展、富民增收和文化繁荣。最后,加大跨市协作平台的创建。江苏省推动自贸试验区文化和旅游产业发展,支持南京、苏州、连云港三大片区加强特色探索的同时,通过促进文物及文化艺术品在自贸试验区内的综合保税区存储、展示等,建设开放型文化和旅游业制度集成创新高地,进而发展文化旅游等现代服务业,寻找文旅成果跨境创作的方案。

3. 实施项目引领

政府不仅要打造平台,为文旅资源的整合创造条件,同时也要给文化资源与旅游资源的"联姻"提供机遇,更加有的放矢地促进资源之间的直接融合。总的来说,江苏省策划并实施了一系列带动性强的重点项目,从而开发和培育了一批具有文化特色和内涵的旅游商品和龙头企业。与此同时,结合地方风貌和经济特色,江苏省推出首批省级特色小镇(旅游风情类)和第二批江苏省非遗创意基地,建立一批非遗旅游体验基地。具体而言,江苏省的项目引领体现在以下几方面:第一,实施文化和旅游融合品牌培育计划,打造品牌项目。例如,江苏省借助迭代升级红色旅游、乡村旅游、旅游演艺、文化遗产旅游、主题公园等已有融合业态,发展主题乐园体验游,打造一批行业领先的文化科技主题公园、沉浸式文化体验乐园,扶持建设一批特色鲜明、涵育人心、影响广泛的旅游演艺品牌。第二,江苏省打造了传统经典景区和文化机构对接合作项目,形成以文化内涵、创意设计和体验消费为支撑的新型景区业态。第三,江苏省依托乡村振兴项目,加大对乡村文化遗产和特色风貌的保护力度,维护乡村文化多样性,在有条件的乡村地区建设非物质文化遗产工坊,发展乡村特色文化产业,推动形成文明乡风。例如,江苏省已借此打造以运河风情、滨海湿地、江畔休闲、江南水乡、竹海茶田等为主题的乡村旅游集聚区,培育了"水韵江苏·美好乡村"品牌集群,推动巩固、拓展脱贫致富奔小康成果同乡村振兴有效衔接。

第三节 江苏文旅融合的发展方向

作为数字经济大省,江苏省第十四次党代会强调要"坚持把数字经济作为江苏转型发展的关键增量",这是由党和国家的战略部署,以及江苏省经济发展样态所决定的。习近平总书记曾在《不断做强做优做大我国数字经济》一文中强调:近年来,互联网、大数据、云计算、人工智能、区块链等技术加速创新,日益融入经济社会发展各领域全过程。数字技术这种颠覆性的力量正在深入改造我们的日常生活和世界格局,也深入影响和重塑了文旅融合的未来发展方向。党的十九届五中全会便强调要推动公共文化数字化建设、实施文化产业数字化战略。因此,文旅融合和数字技术之间的合作将更加频繁,数字化发展将成为江苏省文旅融合的重要发展方向。

一、文旅融合要素的数字化

1. 文化资源和旅游资源的数字化

文化资源的数字化具体指的是文化内容、文艺作品呈现方式的数字化,这有利于对传统文化进行保护的同时,让人们身临其境地感受文化的魅力。一直以来,江苏省致力于加强对文化资源进行数字化保护,推进"传统文化+数字化"的发展策略。例如扬州中国大运河博物馆创新采用全息投影、虚拟现实、三维立体等技术打造沉浸式体验展,唯美呈现千年运河画卷,成为新晋网红打卡地。再如德基美术馆展出的数字版《金陵图》,突破性地将现代科技引入文物数字化,让观众以第一人称视角"走入"古画,与画中人交流互动,成为传统文化的体验者、传播者。未来,江苏省将继续坚持以数字化推动文化遗产创造性转化、创新性发展,统筹抓好文物数字化保护和非遗数字化传承,推动馆藏文物信息可查询、行程可跟踪、实时可监控,加强古籍数字化资源管理和开放共享,推进文化遗产内容数字化和传播智慧化,丰富传统文化的当代表达。除此之外,江苏省也将文化资源的开发和数字技术紧密联系到一起,利用人工智能、数据挖掘、模式识别等数字技术为考古发掘研究装上"显微镜",进而更便于通过数字化、可视化、沉浸式方式展现考古成果,让公众特别是青少年深度感受考古的魅力。

旅游资源的数字化指的是旅游内容、旅游景点呈现方式的数字化,让人们每时每刻都能身临其境地享受旅游带来的愉悦。近两年来,江苏已经在推动全省文化和旅游领域"云、网、端"等信息基础设施建设的同时,集中力量打造了集智慧服务、行业管理、数据分析三大应用功能为一体的江苏智慧文旅平台,将率先构架起"一机游江苏、一图览文旅、一键管行业"的智慧文旅体系[①]。未来,江苏省将继续推进旅游景区数字化、智慧化转型升级,高标准建设一批智慧旅游景区,通过发展云旅游、云演艺、云展览等新业态,培育定制消费、智能消费、互动消费等新模式,打造沉浸式文旅体验新场景,推广电子票、云排队等新方式,

---

① 扬子晚报.数字化为江苏文旅发展装上智慧芯[N/OL].[2020-12-02]. https://www.sohu.com/a/435731278_162758.

扩充江苏省智慧旅游景区名录。

2. 文化产业和旅游产业的数字化

文化产业的数字化有利于满足公众多样化、高品位文化需求，进一步激发文化创新活力。文化产业的数字化依托于资金的投入，江苏省未来会将更多省级专项资金投入数字文旅产业项目，用数字化促进文化产业结构升级、链条优化、价值拓展，结合全省"两廊两带两区"文旅发展布局，在大运河和长江国家文化公园建设中实施数字再现工程，加快传统产业全链条数字化转型，大力发展数字创意、数字文娱、网络视听等新业态，推动文化旅游与新型农业、制造业、现代服务业等实体经济深度融合。

旅游产业的数字化有利于拓宽旅游产品的销售渠道，增加旅游经济发展的突破口。近年来，江苏省已有"君到苏州"文旅总入口等3个项目入选全国智慧旅游典型案例，南京牛首山等13家景区获评首批省级智慧旅游景区，未来江苏省会继续推广各地在智慧管理、智慧服务、智慧营销等方面的好做法。进入大众旅游时代，面对旅游需求多元化、供给品质化、成果共享化等新变化，江苏省将加快推进以数字化、网络化、智能化为特征的智慧旅游产业，推动旅游景区度假区开发数字化体验产品，普及电子地图、智慧导览、虚拟展示等新型旅游服务，推进以"互联网+"为代表的旅游场景化建设，用数字化提升世界级旅游目的地、全域旅游示范区、夜间文旅消费集聚区、全国乡村旅游重点村镇等建设的内涵和能级。同时，江苏省不断加强与主流媒体、旅游电商等合作，加大"水韵江苏"文旅品牌线上宣传推介，更多在新媒体平台上投放旅游广告，将"水韵江苏"打造为全球知名的旅游产业IP。

二、文旅融合平台的数字化

1. 数字化的文旅融合传播平台

江苏省将把互联网作为文旅要素汇聚共享的重要平台，优化资源配置，构建以开放、共享为特征的文旅发展新模式。一方面，江苏省以提升便利度和改善服务体验为导向，引导文旅公共服务模式创新，普及电子地图、线路推荐、语音导览等智慧化服务，科学推进预约、错峰、限量，推广电子票、云排队、无接触服务等新方式，支持旅游公共服务平台开发针对老年人等特殊群体的专门应用程序和友好界面，"点对点"精确传播文旅内容，推动文旅融合传播。另一方面，江苏省促进艺术创作数字化传播。春晚上美轮美奂、令人惊艳的舞蹈《只此青绿》，融合了全息扫描等前沿科技，将虚拟场景和现实舞台完美结合，其后推出的演出行业首个区块链数字藏品纪念票也被一抢而空。因此，江苏省"推动数字技术与艺术创作传播展示相结合"的方式大有可为。除此之外，江苏省还坚持线上线下融合、演出演播并举，引导文艺院团、演出场所培育线上演播项目，打造3D光影秀、无人机表演等数字艺术体验场景，同时鼓励戏曲舞蹈、美术书法等各种艺术样式运用数字化手段创新表现形态、丰富数字内容，努力推出更多"艺术＋创意＋科技"的精品力作。

为了进一步促进文旅融合成果的传播，江苏省将加大科技应用平台建设。针对文旅领域重点技术问题，江苏省计划加大经费投入，以应用研究为根本，以实施项目为抓手，创建省级重点实验室，培育部级重点实验室。针对文旅装备技术研发不足的问题，江苏省将引导和鼓励企业瞄准市场需求，自主研发新技术新产品，培育一批科技攻关能力强、科技应用成果多的骨干企业成为省级文旅装备技术研发基地，不断提升文旅装备产业核心竞争力[①]，打造有格调、全方位的数字化文旅融合传播平台。

2. 数字化的文旅融合管制平台

江苏省为了应对数字化带来的管理挑战和安全风险，致力于运用数字技术手段促进依法行政，全面推进政府运行方式、业务流程和服务模式数字化，以数字化提高文旅融合过程的管制能力，促进文旅治理能力现代化。首先，江苏省将提高常态化疫情防控科学性精准性，重点推进预警监测的制度化、分类指导的精准化、流量管控的标准化，落实好"限量、预约、错峰"要求，推广电子票、云排队、无接触服务等新方式。其次，江苏省致力于优化文旅数字营商环境，推动"互联网＋政务服务"全覆盖，推行"一网通办""一网协同"等服务管理新模式，打造主动式、多层次创新服务场景，探索对新产业、新业态、新模式管理试点并实行包容审慎监管，让数字化政务服务既有力度又有温度。最后，江苏省进一步打造数字化"全链条"监管，现在，江苏智慧文旅平台已实现对1 639家旅游景区、公共文化场馆、乡村旅游点等文旅场所的实时监测、智慧监管，要建好用好这个平台，强化对旅游包车、娱乐场所、互联网上网服务场所、不可移动文物等安全监管，以智慧监管提升监管效能。除此之外，江苏省将深化"互联网＋监

---

① 江苏省文化和旅游厅. 科技赋能 教育为本 努力开创江苏文化和旅游科教工作新局面[EB/OL]. [2021-05-10]. http://wlt.jiangsu.gov.cn/art/2021/5/10/art_48958_9801043.html.

管""互联网＋执法监督",积极推行远程监管、移动监管等管理方式,不断提高文旅市场质量和安全监管的精准化、智能化水平。

三、文旅融合成果的数字化

1. 文旅融合成果样态的数字化

疫情发生以来,江苏省加快文旅成果样态的数字化转型。以文创产品为例,在第三届大运河文化旅游博览会中,文创产业展在内容创意和互动体验方面进行了诸多新尝试。以喜马拉雅·运河书房——新"声"活数字文化体验馆、大禹网络科技有限公司等展区为代表的各大企业提出了体验"声音内容和有声空间""虚拟现实"等新玩法,让公众真切感受基于传统的活化创新,面向未来的数字化生长空间[①]。而文创产品只是文旅融合成果的一个组成部分,打造文旅品牌也是文旅融合的重要成果。未来,江苏省将以"水韵江苏·有你会更美"为主题,发布一系列文化旅游精品线路和项目,通过部省共建海牙中国文化中心,新建江苏境(涉)外旅游推广中心打造数字化手段,举办省内城际互动游、畅游长三角主题游、江苏省乡村旅游节、世界旅游经济论坛"江苏之夜"等线上、线下兼具的品牌成果。

2. 文旅融合成果销售渠道的数字化

江苏省正在不断尝试将文旅融合扩展至文旅商结合,鼓励电商平台拓展"旅游＋地理标志产品＋互联网＋现代物流"功能。这有助于江苏省提高旅游景区数字化、网络化、智能化发展的同时,推动景区、度假区发展数字化体验产品和服务。

当前,江苏省文旅市场复苏正处在关键时期,用数字化赋能文旅销售正当其时。一方面,数字化将拓宽文旅融合销售广度,未来,江苏省将基于数字化手段,顺应商业变革和消费升级趋势,培育定制消费、智能消费、互动消费等新型消费,发展云旅游、云演艺、云娱乐、云直播等消费形态,努力使得文旅消费更具多样性、更有活力、更加便捷。另一方面,数字化将拓宽文旅融合的销售深度,江苏省将推进"互联网＋旅游",实施旅游景区、度假区智能化转型升级工程,打

---

① 江苏省文化和旅游厅."运博时间"精彩来袭 六大展览线上线下邀共赏[EB/OL].[2021-09-24]. http://wlt.jiangsu.gov.cn/art/2021/9/24/art_694_10027644.html.

造一批具有代表性的智慧旅游景区。例如,江苏省亟需完善智慧文旅平台数据和功能,推进省、市、县三级数据联动共享,进而遴选发布省级文化和旅游重点项目,搭建政银企合作平台,这有利于促进文化旅游项目与金融在紧密合作中深化"文旅+",实现文化旅游与制造业、农业、生态、体育、交通运输等领域融合互促[①]。诸如此类文旅融合成果销售渠道的数字化促进了文旅融合实践过程和更多要素的结合,使得文旅融合成果的销售具有多向度的实践内涵和更为深刻的价值内核。

---

① 杨志纯.在全省文化和旅游工作会议上的讲话[EB/OL].[2021-01-25]. http://wlt.jiangsu.gov.cn/art/2021/1/25/art_48958_9653256.html.

第四章

江苏文旅融合数字化创新的表现形式

第四章

第四章　江苏文旅融合数字化创新的表现形式

伴随着科学的加速发展和迭代更新,我国社会经济发展已经进入数字时代,数字技术已经成为推动文旅深度融合的核心技术支撑和重要赋能方式。[①] 在这一背景下,实现数字化创新是提高文旅服务效率和质量、促进文旅产业转型升级、推动文旅融合可持续发展的关键所在。为贯彻落实党的二十大报告关于"推进文化和旅游深度融合发展"和"促进数字经济和实体经济深度融合"的文件精神以及党中央关于推进实施国家文化数字化战略的指导理念,江苏省委省政府扎实推进文旅融合数字化建设,更好运用数字技术赋能文化和旅游高质量融合发展,出台了一系列政策文件和改革方案,为文旅融合数字化创新指明了方向。结合江苏文旅融合的具体实践和已有成效,本章从数字化平台创新、数字化空间创新、数字化项目创新和数字化制度创新四个方面入手,挖掘背后的创新机理,讲好文旅融合的"江苏故事"。

第一节　数字化平台创新

一、基于文旅融合发展需求定位数字化平台功能

1. 面向文旅产业融合发展的高质量供给

2021年7月,《江苏省文化和旅游产业融合发展示范区建设指南(试行)》正式出台,指出要"高起点谋划区域文化和旅游产业融合发展,并编制形成专项规划……创新开展数字化、沉浸式、互动性等'科技+'文旅融合应用场景设计,培育科技赋能文旅新业态市场品牌"[②]。一年后,《江苏文化和旅游领域数字化建设实施方案》再次强调应推动数字技术在文旅行业广泛应用,加快文旅产业数字化转型升级,凸显数字赋能文旅融合产业发展的重要意义。以江苏智慧文旅平台为例,该平台坚持以文旅产业融合发展需求为导向,通过智慧服务实现资源高质量供给,为文旅产业进一步融合发展装上"加速器"。具体来说:一是发挥智慧文旅平台的信息整合功能,通过建设一站式智慧服务中心引导公众扩

[①] 黄震方,张子昂,李涛,等. 数字赋能文旅深度融合的理论逻辑与研究框架[J]. 旅游科学,2024,38(1):1-16.

[②] 江苏省文化和旅游厅. 关于印发《江苏省文化和旅游产业融合发展示范区建设指南(试行)》的通知[EB/OL]. [2021-07-29]. http://wlt.jiangsu.gov.cn/art/2021/7/29/art_699_9955269.html.

大消费需求,更好培育文旅领域新增长点,以消费需求信息高质量整合发掘文化和旅游融合升级契合点,围绕产业转型打造政府、企业、用户数字生态共同体,为文旅融合发展提供全方位资源保障;二是依托平台数据共享优势,打破文化和旅游的行业藩篱,打通文化和旅游的信息数据,通过数据共享推进文化和旅游工作在线融合,实现"1+1>2"的产业发展合力。总体而言,面向文旅产业融合发展的数字化平台服务供给功能创新遵循的是以平台链接资源、以资源建构服务、以服务打通营销、以营销产生数据、以数据支撑管理等集多路径于一体的发展思路。

2. 面向文旅融合市场监管的高效能治理

文旅行业场馆、场所众多,市场规模庞大。强化对文旅市场质量和安全监管,是推动文旅领域治理体系和治理能力现代化、促进文旅在符合人民美好需求前提下实现深度融合的迫切要求。有效的监管、人员的投入、海量的数据离不开信息化的工具和智慧的监管平台。江苏省政府及相关部门深化文旅领域"互联网+监管"改革,用好全国旅游监管服务平台,进一步完善江苏智慧文旅平台,推动构建"省—市—县—涉旅企业"多级联动的省域智慧文旅平台体系,全面提高数字化、智能化监管水平。在江苏智慧文旅平台赋能下,2022年全年归集原始数据2.4亿条,逐步实现文旅监管数据全量汇聚、"一网统管"[①]。以平台为支撑制定文旅市场信用体系建设实施意见、文旅行业信用分级分类管理办法,将11个文旅市场主体和从业人员列入失信主体、103个文旅市场主体列入"红名单",并实施信用激励和管理措施。联合省有关部门加强对"剧本杀"、民宿等新业态监管。数字化平台监管地方创新方面,无锡市文广旅游局在安全生产监管中,充分利用互联网、大数据等信息化手段,有效整合旅游智慧监管和文化市场技术监管,建立起文旅e家智慧监管平台,开发点位安全检查信息化工作,收集海量数据,后台统计计算,可自动形成各级领导、督导员、点位巡查员和企业内部单位线上线下检查记录,自动发送问题隐患整改建议书,建立隐患整改线上线下闭环系统,五大责任的落实和履职情况全程在云上留痕。开发企业安全二维码,通过大数据分析,用二维码颜色变化显示安全风险等级,对风险等级较高的企业,调高"双随机"检查频次,有效节约了行政资源,提升了监管效能。

---

① 江苏省文化和旅游厅.江苏省文化和旅游厅关于2022年度法治政府建设情况的报告[EB/OL].[2023-03-06]. http://wlt.jiangsu.gov.cn/art/2023/3/6/art_48958_10811418.html.

3. 面向文旅融合服务适配的高精准决策

从供需两端出发,高质量的文化和旅游产品固然是文旅融合的着力点,但如何对消费者的需求作出准确研判,有针对性地将文旅产品和服务信息精准送达给消费者,才是提升人们对文化和旅游发展获得感和满意度的最后一环。面向文旅融合需求分析和服务适配,江苏智慧文旅平台构建了体系化的数据归集、处理和管理标准规范,以多源数据为基础搭建数据分析决策中心,对文旅消费、舆情口碑、受众画像、游前游中游后体验展开"垂直主题和跨域专题"纵横分析,了解各地游客消费偏好的同时为文旅产业服务融合提供决策参考。如通过平台决策中心的大数据分析,发现上海的游客更偏爱金鸡湖,而安徽的游客更钟意夫子庙,由此便能根据消费者群体的区域化特点进行文旅融合服务精准布局。

数字化平台创新离不开政府的高位推动。"看好戏,到南京",近年来,越来越多的高品质演出登上南京舞台,南京都市圈乃至整个华东地区的戏迷都奔赴南京,这一热潮是政府财政支持和服务平台创新共同发力的结果。从2017年起,南京市财政每年落实1 500万元专项资金,建立南京文化消费智能综合服务平台,采取以"演出红包"直接补贴消费者、积分奖励补贴和绩效奖励等多种形式相结合的方式,将财政文化消费专项资金补贴给文化市场的供给端和消费端,激活演出市场潜力。"有外地的戏迷专门坐着高铁跑到南京来看戏,因为南京有演出补贴,戏是一样的,但票价省了,还能顺便来南京旅游一趟。"这一现象让智能平台负责人龚龑龑印象深刻。为了让政府补贴精准惠民,南京文化消费智能综合服务平台与阿里巴巴合作建立大数据归集分析系统,并打通线上线下票务之间的积分互通互兑,将各类用户偏好、内容类型、场馆热度,根据百姓需求进行"点单"。南京观众的看戏需求一目了然,既为政府部门完善政策、评审剧目提供了导向和依据,也让演出机构引进剧目、分析市场更有针对性。数字化平台通过"文化+旅游+科技"的深度融合,破解了文旅融合服务供需失衡的结构性问题,明显提升了江苏文旅融合市场的经济社会效益。

二、立足文旅融合发展特色丰富数字化平台应用

1. 以数字化平台彰显既有文旅资源融合优势

"水+文化"是江苏文旅资源最为鲜明的融合特质。《江苏省"十四五"文化

和旅游发展规划》指出要"发挥江苏江海河湖资源禀赋独特和自然人文风光秀美的优势,系统推动沿江、沿海、沿大运河、沿湖地区文旅特色发展,充分展现'水韵江苏'之美"[1]。因此,江苏文旅融合数字化创新的基点在于依托江苏奔涌江流、稠密河网、温润湖泊、浩渺海洋的丰富资源,利用数字化平台"灵活性、开放性和可供性"[2]特征,创新其历史文化与魅力的呈现形式、同消费者的交互方式。大运河国家文化公园数字云平台是国家交给江苏的大运河国家文化公园建设的两个重点项目之一,于2021年年底完工试运营。国家发改委在《大运河文化保护传承利用2022年工作要点》中提出,充分发挥大运河国家文化公园数字云平台在数字网站平台建设方面示范引领作用,可见其已成为宣传江苏水韵文化的数字化平台典型——该平台设有公众服务端,通过"知运河""探运河""游运河"三大板块,以知识普及、趣味互动、智慧文旅等多元化方式创新运河文化表现形式,提升水韵文化沉浸体验感。

2. 以数字化平台创新优秀传统文化传播方式

中华优秀传统文化是一笔厚重的历史遗产,其阐释与展示工作任务繁重。作为一笔宝贵的精神财富,以吴文化、楚汉文化、金陵文化、淮扬文化为代表的传统地域文化是江苏文旅融合的根基。汲取文化活水为文旅融合发展所用需要创新文化传播途径,运用数字技术对优秀传统文化进行信息采集、存储、研究与保护,让传统文化插上"科技翅膀",实现跨区域、跨主体流动,提升文旅融合的质量效益和核心竞争力。数字化平台在促进优秀传统文化传播时能够凭借技术优势整合移动通信和智能终端,打通信息壁垒,使文旅融合不仅仅局限于地方经济增收,而是将文旅产业的商业生态扩展为一个包括社会广泛参与者在内的、多种服务要素流动的价值共创理念系统,让更多的人在触手可及的文化熏陶中积极承担宣传优秀传统文化的责任。"随着新一轮技术革命掀起,大数据、云计算、人工智能等技术日趋成熟,与文化领域的融合也更加深入,云展览、云教育等平台实现了博物馆资源在数字空间里的加速共享;在线直播活动、短视频节目的热播出圈,实现了博物馆资源在新时代下的创新诠释与有效传播。"苏州博物馆党总支书记、馆长谢晓婷说。近年来,苏州博物馆积极探索文物数字化保护利用方式。其数字展厅的"立春·发生"数字展,用虚拟视觉和机械矩

---

[1] 江苏省文化和旅游厅.省政府办公厅关于印发江苏省"十四五"文化和旅游发展规划的通知[EB/OL]. https://www.jiangsu.gov.cn/art/2022/1/21/art_64797_10324249.html.

[2] 刘洋,董久钰,魏江.数字创新管理:理论框架与未来研究[J].管理世界,2020,36(07):198-217+219.

阵的方式,把立春时节桃花绽放的自然现象在非自然的空间中进行了展示,展现二十四节气之下的苏州生活美学。

3. 以数字化平台扩大新型文旅业态消费需求

如今,文旅市场正涌现出一批以多要素交融为特点的新型文旅业态,启示文旅产业的从业者必须跟上消费升级步伐,抓住这一契机进一步扩大消费需求。除了创新文旅融合的表现形式和传播方式外,数字化平台另一大特征便是能够通过前期对需求的技术分析打造更多具有鲜明美学风格和传统文化意韵的文旅消费新场景,促进文化和旅游消费提质扩容,壮大线上线下消费融合发展形态。从本质上看,高效处理"吃、喝、玩、乐、娱"等多环节相互融合产生的数据信息,融合传统与现代、民族与时尚的元素打造江苏特有的文旅 IP 体系是满足日新月异的文旅融合消费需求的破题关键,而数字化平台自身所具备的多源信息整合功能和 AI 算力可以用更少的成本提供更优的方案,利用数字技术打造文旅融合产品,为文旅市场加快全面复苏注入新需求。

三、放眼文旅融合发展未来拓展数字化平台类型

1. 虚拟化服务数字平台

展望未来,消费者对足不出户便能享受到极致文旅体验的需求会越来越高,"云旅游""云演艺""云娱乐"等多种虚拟文旅形态为文旅融合发展带来了广阔前景。在这一趋势下,数字化平台应积极培育数字创意、数字娱乐、数字艺术等项目,打造一批"不谢幕的剧场""不停演的广场""不落幕的展览"。目前,江苏省正在实施江苏智慧文旅平台功能提升工程,整合共享全省文化和旅游、文物、非遗等专题数据库,实现全省文旅资源"数字化"、文旅工作"智慧化"、公众服务"一键通"、行业监管"全覆盖"。逐渐完善电子地图、语音导览、云排队等多种虚拟化服务,并在此基础上建成一批智慧旅游景区、旅游度假区、村镇和城市,构筑文旅数字化融合新生态。以南京红色文化资源电子地图为例,为了让全市乃至全国百姓更好地保护、宣传红色文化资源,南京市委党史办梳理了全市 160 余处红色文化资源点。南京市律师协会和江苏新闻广播携手百度地图公司,组织进行了南京市红色文化资源电子地图实地探访标注活动,实地探访该市 160 余处红色文化资源点,采集了详细位置、坐标定位、现状图片,为制作南京市红色文化资源地电子地图提供了最新信息,使居民可以随时随地享受服

务的同时,更加热爱南京这座革命城市、英雄城市。

2. 沉浸式体验数字平台

《全国智慧旅游发展报告 2023》指出,超过八成的受访者表示愿意花更多的钱去体验旅游科技,过半游客希望提升旅游服务智能化水平。然而现实中,科技服务还没有完全满足人们对高质量旅游体验的消费新需求。因此,智能化成为文旅融合的新风口。而打通游客"五感"的沉浸式体验,满足消费者求新、求奇、求知、求乐的文旅需求则是未来衡量文旅智能化程度的重要指标。打造高质量的沉浸式文旅融合项目,离不开各类技术加持融合下的数字平台,这也正是智慧文旅"智慧"二字的集中体现。在 2023 年 11 月 23 日至 25 日由文旅部资源开发司、江苏省文旅厅共同主办的"智慧旅游发展大会暨智慧旅游示范展示活动"上,京东方艺云智慧场馆运营管理平台依托物联网及云计算,融合大数据、AI 等技术,实现场馆数据可视化、设备智能化,降低场馆运营和管理复杂度,并利用智慧导视系统,结合展示工具制作大量导视趣味动图,打造全数字化导览导视规范体系,全方位提升了游客的游览体验。由此可见,不同于虚拟化服务,沉浸式文旅体验强调以虚实结合的数字技术潜移默化地弱化消费者的虚拟感知,开启以数字技术赋能文旅融合的"场景化时代"。

3. 个性化定制数字平台

进入新发展阶段,旅游业面临高质量发展的新要求。全面建成小康社会后,人民群众旅游消费需求将从低层次向高品质和多样化转变,由注重观光向兼顾观光与休闲度假转变[①]。经济实力和生活品质的提升使人们的消费观念发生了巨大的变化,产品设计也随着人们日益攀升的个性化需求而逐渐从大规模量产式转向客户个性化定制式。竞争激烈的定制市场中,精准、全面地获取客户定制需求是企业抢占市场、赢得客户群的必要前提[②]。文旅融合背景下,数字化平台建设与个性化定制服务存在融合共生空间,具备协同发展可能:一方面,数字化平台能为个性化定制服务提供技术支撑;另一方面,个性化定制服务具备的多元化消费特性能够有效提升数字化平台的决策分析能力,优化

---

① 国务院. 国务院关于印发"十四五"旅游业发展规划的通知[EB/OL]. [2022-01-20]. https://www.gov.cn/zhengce/content/2022-01/20/content_5669468.htm.
② 赵小惠,周爱琴,石杨斌,等. 基于情境—需求本体的客户定制需求挖掘[J]. 包装工程,2021,42(4):90-96.

平台功能。未来,在数字赋能下,个性化定制平台可以聚焦资源禀赋、空间布局和时间维度三个方面提供优质化文旅融合服务,如:以水韵文化为主题培育特色文旅项目;根据文旅景区的地理位置分布,运用 GIS 技术整合各地段地理信息,再通过人工智能打造体现区位优势和个性需求的文旅项目;结合昼夜和季节变化,提升资源利用效率,如在白天适合举办歌舞类表演节目、在夜晚适合设计一些灯光类夜游项目。个性化定制平台应契合消费者个性需求,在展开充分市场调研的基础上明确消费者需要什么样的文旅体验,通过数字技术捕捉当前消费热点,预测未来消费需求,将其融入到文旅融合定制项目中去。

第二节　数字化空间创新

一、文旅融合视角下的数字化空间创新

1. 文旅融合数字化空间的现实表现

文旅融合数字化空间是指将数字技术与文旅产业相结合,通过数字化手段创新文旅体验、提升文旅品质、促进文化传播的空间形态。这种空间以数字技术为支撑,具有智能化、网络化、交互性等特点,为游客提供更加便捷、高效、有趣的旅游体验。文旅融合数字化空间的具体表现形式包括数字博物馆、数字艺术馆、数字剧院、数字景区等。它们通过数字技术将文化与旅游相结合,为游客提供更加深入的文化体验和旅游服务。例如:数字博物馆可以通过虚拟展品、互动展示等方式,让游客更加深入地了解历史文化;数字艺术馆可以通过数字化艺术作品、虚拟现实艺术等,为游客提供更加前卫、新颖的艺术体验。文旅融合数字化空间不仅可以提升游客的旅游体验和文化认知,还可以促进文旅产业的数字化转型和创新发展。通过数字化手段,文旅产业可以更好地满足市场需求,提高管理效率和质量,推动产业升级和创新发展。

2. 文旅融合数字化空间的内涵本质

布迪厄认为,空间是"关系的系统"(the system of relation),其本质是一种

"场域",即"各种位置之间存在的客观关系的一个网络或构型"①。相对于传统文旅产业的"现实空间",文旅融合数字化空间可以被视为一种流动性的场域存在。在这里,流动性场域指的是"数字技术本身成为当今社会空间场域中一种支配性力量后,场域内的位置关系、互动机制、权力模式等构成要素演变为一种动态化的内部存在"②。而正是这一场域内动态化运行机制驱动消解了场域外部物理空间边界,形成社会外在空间场域的流动性,助推文旅产业从一种封闭的物理空间载体转向开放的数字空间,在全新的场域中形成融合发展的新模式。因此,文旅融合数字化空间的本质是现实空间中的文旅展演活动借助数字技术,融入互联网技术搭建的以"身体不在场"为特征的信息流动空间,它将公众从剧场、商场、音乐厅、展览馆等地方性空间抽离,嵌入互联网无边际、流动性的虚实结合的场域中,其"脱域—嵌域"的运行方式也是社会空间实现数字化转型的逻辑所在。

3. 文旅融合数字化空间创新的发力点

数字空间在时空、情境、条件等方面表现出的新特征决定了其基本的运作过程,即在数字技术的支持下对传统文旅产业原生空间进行"空间再造"。故在一定程度上,可以将数字空间视为打通现实和虚拟世界的桥梁。2022年5月,中共中央办公厅国务院办公厅印发《关于推进实施国家文化数字化战略的意见》,其中八项重点任务之一为"发展数字化文化消费新场景,大力发展线上线下一体化、在线在场相结合的数字化文化新体验"③,为文旅融合数字化空间创新提供了指引——在明确建设文旅融合数字化空间的宗旨是发展文旅融合消费新场景的前提下,通过挖掘线上线下、在线在场相结合的"入口",依托数字技术创新文旅融合的"表达工具",并突破原有功能属性,将数字空间作为一种"方法",拓展其在文旅融合相关领域的应用场景。"元宇宙"为上述思考描摹了实现路径:作为多项数字技术创新,元宇宙集成数字孪生、区块链、人工智能和智能网络等技术,为文旅融合数字化空间创新奠定了基础条件。④ 首先,元宇宙

---

① 皮埃尔·布迪厄,华康德. 实践与反思——反思社会学导引[M]. 李猛,李康,译. 北京:中央编译出版社,1998:133-134.

② 刘国强. 嵌入性理论视域下文旅融合的数字化实践与创新驱动研究[J]. 湖北工程学院学报,2021,41(5):90-96.

③ 新华社. 中共中央办公厅 国务院办公厅印发《关于推进实施国家文化数字化战略的意见》[EB/OL]. [2022-05-22]. https://www.gov.cn/xinwen/2022-05/22/content_5691759.htm.

④ 陈意山,欧阳日辉. 元宇宙与文旅产业融合发展的理论逻辑与实施路径[J]. 广西社会科学,2023(2):132-140.

是由技术生成的虚拟世界与物理存在的现实世界交互而成的全新三维空间,既是个体的,也是系统的,能够创造出新的身份体系、新的社交环境以及新的社会文明。这意味着元宇宙可以通过"由实及虚"的技术映射和"以虚强实"的感官扩展把握现实与虚拟两个相异维度空间的交互入口[①];其次,作为文旅融合的数字化表达工具,元宇宙可以变革文旅体验形态、强化虚拟社交、激发数字空间的再生产力,不断创造出新型的文旅融合产品;最后,对于治理主体而言,元宇宙将改变文旅市场的传统治理方式,"去中心化"属性能够利用智能合约实现可靠而高效的管理,塑造全新的监管模式,数字化空间创新不再单纯追求文旅产品质量,而是质量同效率并举。

二、"元宇宙+文旅":江苏文旅融合数字化空间创新的源泉与动力

1. 元宇宙赋能数字化空间创新的实现策略

元宇宙的赋能数字化空间创新不仅突破了物理空间限制,也拓宽了细节展示程度和微观视觉效果,达到了整体与局部相配合的场景独特优势,让消费者的文旅融合体验方式更加多元化且更具层次感[②]。结合元宇宙的技术特点,可以将其赋能数字化空间创新策略简单总结为提升消费者的多重感知体验,将"以文塑旅,以旅彰文"的理念融入元宇宙对数字空间的要素塑造中去。多重感知体验方面,元宇宙赋能下的文旅融合数字化空间可以融合创新的视听艺术,将传统的直播、短视频融入文旅融合服务蓝图的同时,还可以结合地方实际进行创新展示设计。如将VR直播与城市文旅融合服务相结合,通过AR交互进行城市文旅艺术空间展示等[③]。此外,除了虚实相生的沉浸式体验,元宇宙还能为用户交互体验创设多维互动的体验空间,让用户在现实与历史的数字场景中实现无缝转换,在空间畅游中满足消费者不同类型的文化爱好。以"苏州平望元宇宙"为例,游客可以在老运河、安德桥、司前街、小九华寺、莺脰湖等各大景点,与平望的数字代言人"颜真卿"结伴而游,把酒言欢、诗话古今,也可以到京报房看平望新闻,在华新茶馆结交五湖四海的新朋友,在文昌阁让"颜真卿"现场给你出考题……不仅如此,消费者在观看演出时通过佩戴由气味编码技术

---

① 冯学钢,程馨. 文旅元宇宙:科技赋能文旅融合发展新模式[J]. 旅游学刊,2022,37(10):8-10.
② 王天泥. 元宇宙背景下文旅数字化转型发展研究[J]. 图书与情报,2022(3):111-117.
③ 徐延章. 元宇宙视域下城市文旅融合服务的创新表现策略[J]. 城市观察,2023(2):136-145+163.

加持的数字气味播放器,当空间切换到诸如森林、花园等场景时,就会闻到对应的味道,除了声、光、电等视听觉感官外,同时实现嗅觉的沉浸式体验。

2. 元宇宙赋能数字化空间创新的江苏探索

随着国家文化数字化战略的深入实施,元宇宙正逐渐成为多地文旅产业数字化转型的重要领域,以新业态、新空间和新体验为特点的供给模式开始崭露头角,悄然开启了文旅融合元宇宙时代沉浸式体验消费的新浪潮。江苏已有多地对元宇宙发展与创新路径进行探索,加紧布局元宇宙产业赛道。如昆山市发布《昆山市元宇宙产业创新发展行动计划(2022—2025年)》,计划到2025年元宇宙相关产业规模达到1 000亿元,建成15项以上典型应用场景项目,培育5家以上具有国际竞争力的领军企业、100家以上元宇宙"专精特新"中小企业;在首届中国(南京)文化元宇宙高峰论坛上,南京元宇宙产业协会揭牌成立,并提出将联合、引导和带动全市元宇宙相关企业,共同促进南京元宇宙产业发展……元宇宙作为数字创新的具体应用,既是文化和旅游融合发展的重要抓手,也是数字化空间创新的内在要求。对于有着丰富文旅资源的江苏来说,应用元宇宙将有效助力江苏文旅产业加速深化数字化转型、加快实现高质量融合发展。

在元宇宙赋能数字化空间创新方面,江苏已经做出了许多有益探索。南京文投集团的"世界文学之都"数字空间作为集中示范推广文化和旅游领域数字化创新的最新成果,成功入选文化和旅游部公布的2023年文化和旅游数字化创新示范优秀案例。该数字空间在元宇宙赋能下,结合大数据采集、智能文本分析、GIS地理信息系统等数字技术,打造了服务于全市文学空间的数字化文旅应用场景,包括文都大数据库、线上线下城市文旅入口系统和虚拟文学城市空间。值得注意的是,在元宇宙的技术支持下,"世界文学之都"数字空间具有高度的自定义能力和可扩展性,能够持续丰富文学元素和场景内容,为文旅融合的未来发展带来无限可能。"数字长江"元宇宙博物馆是长江流域首个落户游轮港航站楼内的数字元宇宙体验空间,旨在应用裸眼3D、元宇宙等前沿技术,展示长江风貌、赓续长江文脉。游客可使用VR头戴式显示器和手机在线访问博物馆,聆听数字虚拟人讲解,欣赏长江360°全景影像,浏览长江文脉演变、文化遗产及近年来长江大保护成果,并与南京全域旅游总入口"莫愁旅游"平台打通,实现文旅产品一站式订购。2023年8月,"数字长江"元宇宙博物馆被认定为2023年度江苏省智慧文旅示范项目。

元宇宙赋能文旅融合数字化空间的发展前景广阔。江苏的实践经验表明,除了充分开发元宇宙技术本身的数字孪生建模、3D渲染、全息成像等功能,打造"随叫随到"、沉浸式的旅游服务体验,未来,元宇宙文旅融合数字化空间的发展更需要多方面的合作和努力。一方面,政府需要加强政策支持,推动元宇宙技术的发展和应用;另一方面,文旅产业也需要就具体的技术攻关加强合作,从内外共同发力促进文旅深度融合。

第三节 数字化项目创新

一、文旅融合视角下培育数字化项目的意义

文旅数字化项目是指将文化和旅游资源数字化,通过互联网、元宇宙等数字化技术手段进行领导、计划、组织、协调的项目,从而为游客提供更加便捷、高效、个性化的旅游体验。当下,文旅数字化项目培育主要集中在数字化文旅资源、数字化文旅服务、数字化文旅管理和数字化文旅营销等方面。相较于传统文旅项目,文旅数字化项目的培育和创新更有利于文旅产业的高质量发展、培养文旅消费者的数字消费习惯、增强文旅品牌的影响力。

1. 加快文旅机构数字化转型,推动文旅产业高质量发展

传统项目管理一般依靠人工沟通和纸质文件,项目信息传递速度缓慢,容易出现数据不准确的情况,导致项目决策出现偏差;且项目管理各个环节之间的协调和沟通需要耗费大量时间和精力,易致项目效率低下。在传统的管理模式下,文旅产业对公众的文旅需求捕捉存在滞后性,无法准确地对需求的未来发展作出预测,自然也就难以提高文旅市场占有率。文旅融合视角下的数字化项目培育不仅仅聚焦数字化技术加持下的项目管理过程,更重要的是以数字化改革创新企事业单位的业务模式,实现文旅机构转型,为文旅有效融合夯实竞争基础。然而,在推进文旅资源数字化创新应用方面,文旅机构的文旅资源数字采集、挖掘和转化整体进度较为缓慢,大量资源未得到有效的数字利用。针对上述痛点、难点,苏州丝绸博物馆从丝绸纹样的数字化采集项目着手,在采集过程中逐步建立丝绸纹样数字采集技术参数指标,构建纹样数据图库。在文化和旅游部公布的2023年国家文化和旅游科技创新研发项目名单中,苏州丝绸博物馆、苏州博古丝绸科技有限公司联合开展的"丝绸纹样数字化标准及数据

库建设"项目入选。该数字化项目主要通过对馆藏丝绸纹样常态化开展数字化采集,将丝绸纹样数据资源转化为数据资产,促进丝绸纹样数据在不同主体间的分享,为文旅企业提供数据生产要素,促进相关产业整体升级。目前,苏州丝绸博物馆已完成1 300余件丝绸纹样的数字化采集,授权使用丝绸纹样数据5批次,开发了一批动漫衍生品、音响器材、文创产品等。对于文旅数字化项目创新的价值和前景,苏州丝绸博物馆馆长钱兆悦表示,通过数字化标准和数据库建设相关项目,对馆藏丝绸纹样进行全面的数字采集、存储、解构和重构,最终让丝绸纹样在当代发挥全新作用,也让整体行业的文旅产品质量得到了大幅提升。"目的就是更好地将传统的丝绸纹样进行市场化的活化应用,并应用于不同的领域和生活场景。这也是我们对传统丝绸纹样数字化保护和创新的探索与实践。"苏州文投集团文化数字化事业部(苏州博古丝绸科技有限公司)工作人员顾佳介绍。

2. 增加数字文旅有效供给,培养公众数字消费习惯

近年来,随着人们对文化旅游的需求不断增加,传统的呈现碎片化分布的文化旅游景点、文化旅游线路、文化旅游活动、文化旅游商品等文旅产品已经难以满足公众的多元需求,也无法有效激发其消费欲望。在数字赋能下如何克服文旅融合项目管理过程中受到的自然、经济、社会、文化等环境影响,增强公众的消费热情,越来越受到行业关注和重视。国务院印发的《"十四五"数字经济发展规划》明确提出要"培养全民数字消费意识和习惯",赋予文旅数字化项目培育新的使命。简而言之,增加数字文旅有效供给、补齐内容短板、丰富服务模式、引导和扩大数字文旅消费需求,是数字化项目创新的另一重要目标和意义。在这一战略层面上,江苏制定出台了文化旅游、电影、新闻出版、广播电视等行业助企纾困政策措施,鼓励引导书店、影院等培育数字化和体验式消费项目。开发"水韵江苏"数字化旅游年卡,推动全省国家4A级以上旅游景区、设区市级以上文化场馆社保卡文旅"一卡通"应用,拓展智能化、定制化文旅消费,推广持卡消费优惠。用好省级智慧文旅总入口"苏心游",整合江苏优质旅游资源,搭建更加高效便捷的文旅总入口。以消费项目创新和消费渠道创新扩大文旅产品的有效供给,实现更加便捷、周到、人性化的数字文旅服务,通过消费习惯培养进一步激发数字文旅产业的消费潜能。

3. 促进文化传承与创新,增强文旅品牌影响力

得益于数字技术强大的资源保护、整合和展示能力,创新文旅数字项目可

以在加强文物和文化遗产数字化保护利用的同时系统促进优秀传统文化的传承与创新。当下,江苏正在致力打造一批"互联网＋中华文明"数字体验项目,以此提高文保单位、馆藏珍贵文物、非遗代表性项目等数字化保护水平。以实施大运河长江国家文化公园江苏段数字再现项目为例,江苏的做法是"软硬结合",通过开发工程项目和创新数字平台相结合,让传统文化在文旅融合的过程中"活起来"。工程项目方面,通过实施地域文明探源工程、长江文物和文化遗产保护利用等重大项目,开展沿线文物和非遗资源专项调查。目前为止已采集长江沿线文旅资源单体近百万个,完成龙江船厂保护规划、城墙博物馆建设等项目;数字平台方面,江苏已规划打造长江国家文化公园数字云平台,并陆续接入苏州规划建设的长江数字文化博物馆和南京规划打造的全国文化科技融合示范中心。此外,沿江八市依托地域特色资源,打造幕燕滨江风貌区等世界级标识性文旅产品,并举办各类文化活动(如张家港长江文化节、长江文化保护日、长江森林音乐节等系列品牌节庆活动,推出《大江南》《扬子风华》《从秦淮河到扬子江——古代南京段长江文物特展》等长江文化精品)融文于旅,启动"水韵江苏·有你会更美"文旅消费推广季,陆续推出 14 个主题、500 余项活动,并携手媒体和行业平台,整合线上线下资源,以形式多样的文旅数字项目,促进业态产品升级,拉动文旅消费,扩大"水韵江苏"品牌影响力。

二、数字化项目创新助力江苏文旅融合的实现机制

在分析完数字化项目培育和创新之于文旅融合的重要意义后,接下来,本文聚焦江苏具体实践,从江苏省文化和旅游厅、省工业和信息化厅联合公布的 2023 年度江苏省智慧文旅示范和培育项目名单入手,归纳数字化项目创新助力文旅融合的实现机制。

1. 构建高效协同机制,护航文旅市场运行

文旅只有在稳定有序的市场环境中才能实现持续融合,那么,数字化项目创新是如何实现这一外部保障的?苏州市文旅指挥中心系统、南通智慧文旅市县联动平台、苏州树山智慧乡村等项目的具体运作给出了答案,即通过构建起高效协同的指挥机制,为文旅市场健康有序发展保驾护航。首先,苏州市文旅指挥中心系统是以 5G、大数据、云计算等数字化技术为基础,集数据分析、科学研判、指挥调度于一体的旅游"数字大脑",实现文旅假日工作统一指挥、分工负责、联动执行。该系统于 2022 年 10 月正式启用,经多个假期调试,运行顺畅,

大幅度提升苏州文旅市场运转效率。在系统操作方面,苏州市文旅指挥中心系统通过接入公安、交通、景区等行业海量数据,将游览舒适度划分为"绿、黄、红"三级指标,并在大数据计算的基础上编制三级程序校验信息,确定拥堵警情,确定告警信息并对外发布,并结合日常巡查、现场监控确认、应急广播告警、短信推送等多种形式,对假日应急事件进行统一调度、协调处置。其次,南通智慧文旅市县联动平台坚持市县联动,推进全市各类文旅场所资源、客流、预约、安全和视频数据的互通共享,建成集中统一的信息化资源调配和管理机制。最后,乡村旅游方面,为规范化管理"农家乐"、民宿等文旅商户,"苏州树山智慧乡村平台"于2021年8月投入使用,项目平台软硬件兼具、全面规划,构建了智慧管理、智慧监管、智慧服务、展示管理等应用体系,有效提升了树山数字治理能力和数字服务水平。其中:智慧管理包括专项公开、村务互动、村庄信息管理、网上办事处、网上党员活动室、积分管理等;智慧监管包括对违规经营、乱堆乱放、违规停车、乱扔垃圾、违章搭建、河道漂浮物等方面的监管;智慧服务包括通知公告、报修服务、绿化保洁管理、出租房管理、装修管理、投诉建议、网上村史馆、乡村美景、乡村美食、乡村特产、优质商户推介、智慧导游等;展示管理包括农业农村数据、旅游客流数据分析展示等。

2. 聚焦效能提升机制,满足文旅多维需求

如前文所述,文旅融合内含"文化"和"旅游"两个要素的共契和转换,意味着文旅高质量融合必定是消费者对文化和旅游两部分效能感知的双重提升,这也是党的二十大报告中提出的"坚持以文塑旅、以旅彰文,推进文化和旅游深度融合发展"的应有之义。效能包含能力、效率、质量、效益等要素[1],而文旅融合在效能上可以体现为三个方面:一是促进文化在旅游中的深度发展;二是促进基础公共设施建设;三是促进城乡一体化发展[2]。其中,城乡一体化发展在"苏州树山智慧乡村平台"项目中已有所体现,此处便不再赘述。而前两者本质上反映的是文化需求的递进——消费者只有在基本公共文化服务得到充分供给的前提下才会产生在旅游中吸纳多元文化的需要。因此,文旅融合的效能提升必须是在补齐公共文化服务短板之下的多维文旅需求满足。在示范和优秀项目中,"扬州市智慧化城市书房建设"项目、"苏州市公共图书馆共享服务平台"项目、苏州古典园林多媒体艺术展演项目"拙政问雅"、"二分明月忆扬州"沉浸

---

[1] 邱冠华.公共图书馆提升服务效能的途径[J].中国图书馆学报,2015,41(4):14-24.
[2] 吴理财,郭璐.文旅融合的三重耦合性:价值、效能与路径[J].山西师大学报(社会科学版),2021,48(1):62-71.

式夜游等数字化项目即是基础公共文化服务和沉浸式旅游文化服务的典型。其中,城市书房作为一种崭新的公共阅读空间,已经成为扬州的一张文化名片,该项目以一种创新的公共文化服务形态,搭建起了全民阅读文化共享平台,并凭借创新应用 5G、物联网、人工智能、大数据等现代化信息技术荣获中宣部办公厅"2022—2023 年全民阅读优秀项目"称号;同理,"苏州市公共图书馆共享服务平台"项目旨在实现全市域公共图书馆"一个平台、一套标准、一个体系",面向全市域读者提供包括线上、线下纸质图书的通借通还,以及电子资源、数字资源、场地资源、活动积分等的共享,全面实现苏州全市"城市阅读一卡通"的基础功能。文旅融合沉浸式体验方面,苏州古典园林多媒体艺术展演项目"拙政问雅"集非遗文化精品、园林艺术空间、吴门书画文化等融合多媒体与科技手段为一体,是基于世界文化遗产开发的高品质沉浸式文化旅游体验产品,是全国首个、且唯一一个经过中国世界文化遗产监测中心全面评估的世界文化遗产保护活化利用项目,也是江苏省"无限定空间非遗进景区"省级示范项目;瘦西湖"二分明月忆扬州"夜游项目通过深耕景区的文化 IP,结合创新式的营销方式,运用 3D MAPPING 全息投影、VR、AR 等技术,创造出景、情、境、非遗、文化完美融合的场景,以交互式场景体验丰富游客立体式体验感。

3. 完善对客服务机制,打造文旅智慧景区

景区管理具有跨部门、跨行业的显著特性,建立健全景区协同管理制度,实现景区精细化管理,完善对客服务机制,是促进景区服务意识常态化,提升旅游服务质量的根本保障[①]。在此次入选示范和培育项目的名单中,"数智牛首"数字化平台、拈花云智慧文旅云平台、黎里古镇智慧旅游数字化升级项目等项目可作为打造文旅景区智慧管理的典型。"数智牛首"是以微信小程序为依托,为游客构建的一套集地图导览、线路推荐、目标位置导航、门票预约订购、虚拟旅游体验等服务为一体的对客服务平台。该项目将多元的线上服务载体整合,功能进行体系化完善归纳,最终形成牛首山旅游对客服务的总入口,满足游客多样性、个性化的需求,为游客提供游前、游中、游后一站式服务。而建立牛首山数字文化资源共享库则是"数智牛首"平台项目打破协同壁垒,实现文旅景区资源信息共享,更好整合多元载体,打造统一对客服务平台的创新性探索。在 2022 中国景区数字营销高峰论坛上,无锡拈花云科技服务公司的负责人苑承

---

① 王玉成.我国旅游景区管理体制问题与改革对策[J].河北大学学报(哲学社会科学版),2017,42(3):143-148.

栋表示,"好景区"是运营管理出来的,没有运营做前置思维,一切旅游项目都将是空谈,而数智化转型的目的是为景区创造更多价值。文旅数字化融合的着眼点应该是通过技术来阐释和表达文化,增强游客的文化认知和旅游感知,而不是陷入对技术的盲目崇拜,迷失在眼花缭乱的"技术狂欢"中。在数字化、网络化、智能化的全新管理模式和"运营一体化"的顶层设计理念下,拈花云智慧文旅云平台内置应急指挥管理平台、安管云平台、项目地图及市场洞察等业务管理系统,以万物互联互通让景区管理更全面、高效、便捷,实现景区人、场、资源调度的动态管理,顺应不同消费群体的个性化需求及文旅产业的发展趋势。黎里古镇智慧旅游数字化升级项目是入选智慧文旅培育项目的15个项目之一,该数字化项目的顶层架构分为八大基础支撑系统(包括监控安防、智能停车、无线覆盖、应急广播在内的景区基础硬件设施)、一个管理中心(即黎里景区智慧旅游管理中心,通过大数据汇聚平台与大屏可视化系统实现景区基础支撑系统与景区智慧应用的数据汇聚、交换、展示与分析的综合管理)和三大应用子系统(即游客端"智游黎里"一站式服务线上平台、后台端游客客流实时监控与景区办公及考勤系统、全局端业务子系统整合管理平台),在提升对游客的服务质量的同时也为景区管理者提供科学精准的决策依据,有效提升了黎里古镇旅游的综合竞争力。

第四节　数字化制度创新

在落实文旅融合数字化创新方面,江苏除了发挥重大数字项目的牵引支撑作用,还重视完善文旅融合数字化政策体系,实施数字化制度创新战略。文化方面,如推动文化数字化相关内容列入省"十四五"规划,提出"推动公共文化数字化建设,完善文化产业规划和政策,实施文化产业竞争力提升计划和文化产业数字化战略,建设国家文化大数据体系华东区域中心";旅游方面,进一步深化"互联网＋旅游",充分发挥旅游业在促进社会经济发展、满足人民美好生活需要等方面的重要作用,根据文化和旅游部等10部门印发的《关于深化"互联网＋旅游"推动旅游业高质量发展的意见》,结合江苏实际提出具体实施意见;文旅融合方面,江苏省将文旅融合数字化发展纳入全省发展规划,并制定了一系列政策文件,明确了文旅融合数字化发展的目标、任务和措施,如颁布《江苏文化和旅游领域数字化建设实施方案》,将文旅融合数字化建设作为数字经济发展的重要一环,体现在"数字产业融合工程"①中。总体而言,江苏各级政府关于文旅融合数字化的制度创新,无论是目前已经付诸执行的,还是被列入未来发展规划的,可以归纳为三个方面——文旅政务数字化建设的顶层制度设计、文旅产业数字化转型的基础要素革新以及文旅环境数字化营造的规范建设。

一、提升文旅领域数字政务水平,为数字文旅提供战略支持

1. 制度供给端:发挥江苏智慧文旅平台的数据集成作用

《江苏文化和旅游领域数字化建设实施方案》首次强调到2025年全省文旅政务数字化水平全面提升。"一网通办""一网统管""系统上云""数据共享""公共数据开放"率达到100%。以精确的时间节点和指标量化为文旅领域数字政务廓清提升方向。在这一目标下,江苏十分重视"江苏智慧文旅平台"的规划建设,决心将其打造为一个能够汇聚融合各级各类文旅数据资源的数据库,完善平台功能发挥其应用支撑和场景适配的核心作用以及数据采集和分析决策的辅助功能。首先是依托该平台整合内部政务业务系统,推进文旅政务中台建设,实现向省政务云和政务外网迁移;其次是拓展文旅平台的对客服务功能,通过平台所采集到的全面数据,对可能出现的风险或影响消费者消费体验的潜在因素及时做出回应,以提升服务供给质量;最后是通过平台赋能数字机关建设,主要体现为提升数字化办公应用,包括文件传输、会议管理、事务处理等。通过数字化办公,可以提高文旅部门工作效率,降低行政成本,促进机关事务管理监督水平,包括以大数据分析为依据制定内部监管政策、管理监管过程等。通过数字化监管,可以提高监管效率和质量,减少人为因素干扰,确保监管的公正性和公平性。文旅政务数字化的最终目的是统筹成本和效能,以固化的行政事项运行流程、弹性的行政服务反馈机制、透明的行政权力运作规范保障文旅融合制度供给端的质量。

2. 制度运行端:推动实现文旅政务服务全流程网上办理

创新数字制度既要聚焦制度供给端的成本与效能平衡,也要关注出台后的运行效果。由此,实施方案强调要推动实现文旅政务服务全流程网上办理,通

---

① 江苏省人民政府办公厅. 省政府办公厅关于深入推进数字经济发展的意见[EB/OL]. [2020-11-26]. http://www.jiangsu.gov.cn/art/2020/11/26/art_64797_9582831.html.

过开设线上入口,实现政务服务标准化、规范化、便利化,灵活开展政企、政民互动,及时回应社会关切。创新文旅融合制度运行的重要意义在于,文旅融合的落脚点是公众,故而某项政策的效能如何在很大程度上是由文旅企业和公众同制度进行互动时决定的。一方面,文旅政务服务全流程网上办理实现了政务服务的信息化和现代化,通过互联网和电子政务平台,政府部门可以提供24小时不间断的服务,使得文旅企业和公众可以在任何时间、任何地点获取所需的政务信息和服务,这大大提高了政府服务的便捷性和可及性;另一方面,文旅政务服务全流程网上办理还能有效提升公众的参与感和获得感,增强政府与公众之间的互动和沟通效果,提高公众对政府工作的认知度和满意度,公众在网上咨询、在线申请、在线查询的过程中,如果可以更加方便快捷地获取所需的政务服务,那么就会认可文旅政务数字化改革,随之对数字技术的接受程度和好感也会上升,为积极参与文旅服务消费新场景提供可能。

二、鼓励文旅产业数字化转型,为数字文旅奠定要素基础

1. 加大对文旅产业数字化转型的政策支持

为深入贯彻党的二十大精神和江苏省委经济工作会议部署,落细落实江苏省政府《关于推动经济运行率先整体好转的若干政策措施》,促进江苏省文旅市场加快全面复苏,助力全省经济运行率先整体好转,2023年2月9日,江苏省文化和旅游厅同省财政厅联合颁布《关于促进全省文旅市场加快全面复苏具体政策举措》(以下简称《政策举措》),指出要加大财税金融对文旅产业项目支持力度、丰富优质文旅产品供给、加强对文旅消费引导和促进等[①]。其中,为了推动传统文旅业态数字化改造提升,打造沉浸式体验、数字化应用以及演艺、娱乐、直播等新型文旅消费项目,"下达9 000万元省级文化和旅游发展资金,重点支持消费提振、产业融合、数字赋能等项目;继续下调省级旅游产业发展基金利率1个百分点,全年新投放项目数量占比不低于30%"以鼓励文旅产业进行数字化转型。此外,开展"送政策"进企业活动,推动更多文旅企业享受有关财政、税收、社保、金融等普惠性政策,利用小微贷、信用贷、票据融资等金融产品满足融资需求,降低创新成本和门槛。产业转型离不开消费者需求的同步转

---

① 江苏省文化和旅游厅.江苏省文化和旅游厅 省财政厅印发关于促进全省文旅市场加快全面复苏具体政策举措的通知[EB/OL].[2023-02-13]. https://www.mct.gov.cn/preview/special/9656/9658/202302/t20230228_939398.htm.

变,《政策举措》鼓励有条件的地区发放数字人民币红包和文旅消费券,协调金融机构对重点文旅市场主体实施数字人民币消费补贴,打造3~5个数字人民币文旅应用集聚区。扩大"水韵江苏"数字旅游卡跨地区使用覆盖面,并优化旅游推介方式渠道,在央视、重点高铁站等媒介加大江苏文旅资源推广频次,以新媒体为主开展旅游广告省市联合投放。未来,江苏将进一步强化政策支持,将数字化转型纳入各类文旅创建指标体系,引导数字文化建设和智慧旅游发展。加大省级文旅发展专项资金支持力度,鼓励社会资本参与数字文旅建设,引导金融机构扩大对文旅领域数字化项目的信贷投放。

2. 分层分类培养文旅数字化专业人才

作为产业转型基础要素之一,专业人才培养是必不可少的一环。在文旅融合背景下,文旅产业对人才的需求是"复合多维度的,呈现多方位立体化形态"[1]。为此,江苏省委人才工作领导小组办公室、江苏省文旅厅共同制定并发布《江苏省文化和旅游人才队伍建设三年行动计划(2022—2025年)》(以下简称《行动计划》)。该行动计划共分为六个部分,明确提出全省文化和旅游行业选树一批德艺双馨名家名师,培养一批高层次拔尖人才,培育一批高素质青年骨干人才,形成一支门类更齐全、结构更优化、布局更合理、规模更壮大的文化和旅游人才队伍[2]。《行动计划》提出,急需推进文旅科技创新人才,要聚焦文化和旅游发展重大战略和现实需求,协同省内高等院校、科研院所以及科技优势型企事业单位,培育一批省级重点实验室和技术研发中心。具体政策包括:实施青年科研人才扶持计划,面向全省文旅系统具有科研职能的企事业单位,每年遴选10名左右青年科研人员,围绕年度研究主题组织开展科研实践,扶持计划周期为1年,给予一定资助研究经费支持;培养文旅数字化骨干人才,联合省内知名高校院所、行业龙头、互联网领军企业,推进文旅数字化相关学科专业建设,创设数字文旅产教融合创新平台,开展重大课题联合攻关,建立省级数字文旅专家库,组建全省文旅数字研究联盟;加强文旅数字化理论和实践研究,举办江苏智慧文旅专题清华大学高级研修班、全省智慧文旅高峰论坛,探索建立文旅数字人才职称评价标准,每年遴选50名左右文旅数字化骨干人才,予以重点扶持培育。

---

① 李明.文旅融合背景下行业人才需求与培养体系构建[J].科学大众(科学教育),2019(10):159+94.
② 新华日报.江苏文旅人才建设三年行动计划发布[N/OL].[2022-11-03]. https://www.js.gov.cn/art/2022/11/3/art_60085_10647477.html.

三、完善文旅行业数据资源体系,为数字文旅营造良好环境

1. 健全行业内部规范,实现文旅资源资产化管理

《江苏文化和旅游领域数字化建设实施方案》强调,统一规划文旅数据资源,加强对政务数据、公共数据和社会数据的统筹管理,建立文旅数据统一目录和标准,统一编码、统一标识、一数一源,优化完善各类基础数据库、业务资源数据库和相关专题库,加强数据治理和全生命周期质量管理,做到数据真实、准确、完整,提升数据治理水平和管理能力。在盘活文旅数字化资源的同时,促进业务、技术、数据融合发展,拓宽文旅数字资源开放、授权应用、活化利用等渠道,推动数字资源转化为可溯源、可量化、可交易的数字资产,实现文旅资源"资产化管理"。从技术优势上看,利用高新技术手段(如区块链技术)对数字资源以资产形式进行管理,能够将分布在各领域的数字资源封装成块,以虚拟资产形式保存,按去中心化的方式进行精准账本管理,确保数字资源的真实性、可靠性和可用性,为文旅融合数字化体系建设提供基础支撑[1]。而可查可溯源的数字资源资产化管理则有助于加强数据全生命周期安全管理和技术防护,强化数据安全防护、网络安全等级保护、数据分类分级保护,保障相关单位对资源的合法权益,避免数字资源被非法利用。

2. 优化行业外部环境,促进文旅数据跨领域流通

《江苏省数字政府建设2023年工作要点》将"着力完善开放共享的数据资源体系"[2]放在首要位置,明确探索研究"数联网"新型数据共享融合方式,高效支撑数据流通共享,形成职责清晰、分工有序、协调有力的全省一体化数据管理新格局。可见推动公共文旅数据资源跨层级、跨地域、跨部门按需共享共用对文旅融合数字化制度创新的决定性意义。优化行业外部环境需要政府和文旅行业共同发力打通产业链上下游之间的信息壁垒,促进资源共享和优化配置。需要注意的是,文旅资源数字化融合涉及文化和旅游两方面的技术衔接,因此,在资源整合时,以不影响公共文旅服务为前提,不仅要考虑数据承载、网络通畅

---

[1] 魏大威,李志尧,刘晶晶,等.基于区块链技术的智慧图书馆数字资源管理研究[J].中国图书馆学报,2022,48(2):4-12.

[2] 江苏省人民政府办公厅.省政府办公厅关于印发江苏省数字政府建设2023年工作要点的通知[EB/OL].[2023-04-27]. http://www.js.gov.cn/art/2023/5/6/art_46144_10885588.html

及网络安全等各种因素,还要保障各系统信息的同步,确保公共文旅服务内容的及时更新,最大限度满足公共文旅服务需求,形成更加完善的数字生态系统[①]。总而言之,数字化制度创新应始终以人民需求为导向,在此基础上运用相关技术提升政务水平、降低制度运行成本,以优化的扶持政策和人才培养模式加快文旅产业数字化转型,最终营造规范有序的文旅行业内外环境,使"诗"和"远方"在数字赋能、制度保障下更好地融合。

---

① 周永来. 文旅融合背景下的文旅数字资源整合研究[J]. 内蒙古科技与经济,2021(6):101-102.

第五章

扬州中国大运河博物馆的文旅融合数字化创新

第一节 "扬州中国大运河博物馆"：
一本大运河文化的百科全书

沉浸式演艺、沉浸式夜游、沉浸式展览展示、沉浸式街区……随着互联网、大数据、虚拟现实等新技术在文旅领域加速应用，沉浸式文旅项目在各地不断涌现，成为广受关注的新业态、新产品。当前文旅市场加速回暖，文化和旅游部等部门加快推动沉浸式旅游发展，有效增加了市场新供给，也为文旅产业发展和扩大文旅消费注入新动能。

如今，"沉浸式"包罗万象，成为热词。我们已经逐渐进入一个全域沉浸的时代，一个万物皆可沉浸的时代。放眼国内，"沉浸式体验"几乎覆盖文旅新兴消费的所用领域，正成为文旅产业的"下一个风口"。在科技和美学的加持下，沉浸式体验给人一种自由、舒适、震撼的感觉，成为了展厅展馆中不可或缺的技术之一，同时由于它能够全面覆盖观众的视角，营造一种身临其境的体验感，因此被应用到越来越多的领域。

智慧旅游沉浸式体验新空间是指依托旅游景区、度假区、休闲街区、工业遗产、博物馆等场所或相关空间，运用增强现实、虚拟现实、人工智能等数字科技并融合文化创意等元素，通过文旅融合、虚实结合等方式，让游客深度介入与互动体验而形成的一种旅游新产品、消费新场景。

一、总体定位：国内首座集文物保护、科研展陈、社会教育为一体的现代化综合性运河主题博物馆

在大运河原点城市、申遗牵头城市扬州建设中国大运河博物馆，是江苏省委、省政府为了贯彻落实习近平总书记关于大运河文化保护传承利用重要指示精神，推动大运河文化带和国家文化公园建设走在前列，打造文化建设高质量鲜明标志和闪亮名片所作出的重大决策。省委、省政府对规划建设大运河博物馆高度重视，明确由扬州市负责建设，南京博物院负责展陈和运营。省领导多次就筹建工作提出明确要求，强调要高起点、高质量、高标准推进大运河博物馆建设，打造彰显大运河文化理念的标志性工程。2019年9月，省委编委批准大运河博物馆机构和编制；2020年11月，经国务院批准，正式定名为"扬州中国

大运河博物馆"。

"扬州是个好地方!"从古至今都是。昔日到扬州,老扬州人会指点客人去游览"瘦大个"。这个"瘦大个"不是指人,而是扬州最有名的三个景点:瘦西湖、大明寺、个园。如今到扬州,游客必然首选展现世界文化遗产大运河的中国大运河博物馆。三湾曾是隋唐古运河的险要地段,古人采用让运河弯曲而行的方法,创造出安全航道,史称"三湾抵一坝"。2021年6月,江苏在扬州三湾风景区捧出了一本灵动的大运河文化"百科全书"——中国大运河博物馆。开馆不到两年,博物馆就实现了创立时的定位——高品位、有温度、有美感,成为名副其实的大运河文化带新地标,并获评2023年"全国最具创新力博物馆"。从中国大运河博物馆的选址、专家评审到开工奠基,中国工程院院士张锦秋三下扬州。经过实地勘察,张锦秋院士团队巧妙地设计出大运塔,与古运河三湾上下游的文峰塔和天中塔交相辉映,形成绝妙的"三塔映三湾"胜景。

作为国内首座集文物保护、科研展陈、社会教育为一体的现代化综合性运河主题博物馆,该馆总占地约200亩,总面积约8万平方米,以新唐风为设计风格的建筑融合传统与现代之美。博物馆主要包括展馆、内庭院、馆前广场、大运塔和今月桥五个部分,力求全流域、全时段、全方位展现大运河历史文化,充分彰显大运河的千年底蕴、时代价值、当代形象。中国大运河博物馆是集运河文物收藏、展示、研究、教育于一体,兼顾旅游休闲与对外交流的专题性博物馆。

中国大运河博物馆以全面反映大运河给百姓带来的美好生活为核心主旨,运用多元的展示手段和差异化的先进科技手段对大运河文化进行多维度的集中展示,全流域、全时段、全方位地展现中国大运河的历史和文化。现馆藏有自春秋至当代反映运河主题的古籍文献、书画、碑刻、陶瓷器、金属器、杂项等各类文物展品1万多件(套)。展览以"运河带来的美好生活"为总体定位,设有"大运河——中国的世界文化遗产""运河上的舟楫""因运而生——大运河街肆印象"3个常设展、"世界知名运河与运河城市""运河湿地寻趣"等6个专题展、"河之恋"数字化沉浸式展览、1个展演传统戏曲的小型剧场、1个青少年互动体验项目和2个临时展厅,运用传统与现代展示手段,以多样化的展示形式,全流域、全时段、全方位地展现了中国大运河的历史、文化、生态和科技面貌,被誉为中国大运河的"百科全书"。扬州中国大运河博物馆的建成开放,推动了大运河文化研究和大运河博物馆事业的发展,为传承运河文明、讲好运河故事、传播运河文化增添浓墨重彩的一笔,为新时代宣传中国形象、展示中华文化、彰显文化自信发挥积极作用,成为集公共文化服务、大运河文化研究于一体的文化新地标和旅游目的地。

二、特色亮点:展现活态化,呈现数字化,彰显国际化

扬州中国大运河博物馆的规划建设,实现了历史文化与现代文明的交相辉映、国家标志与地域特色的有机融合、个体建筑与山水环境的相得益彰。扬州中国大运河博物馆在展馆建设上做到了"四个同步":一是陈列策划与建筑设计同步。在建筑设计过程中同步规划陈列,根据不同主题的展览规划设计,尽量满足展陈空间和公共空间的宜人性、丰富性等要求。二是展馆建设与展品征集同步。在展馆建设中,针对"零藏品""零展品"状况,转变征集理念,创新工作方法,在运河沿线8省(市)较早启动展品征集,为展览提供了较为丰富的文物展品。三是展览运营实施与安防消防工作同步。在布展施工和运营规划中,安防、消防等工作提前介入,实现了同步规划、同步施工、同步验收。四是展览组织与运营保障同步。南京博物院在具体负责实施展览和运营中,从博物馆总体定位和发展方向出发,同步协调推进展览策划实施和开放运营工作,体现了很高的专业标准和组织水平。

与此同时,在展陈项目实施上,还有三个鲜明特点:一是见证历史、延续文脉,展现活态化。在运河沿线8省(市)文物部门鼎力帮助下,河南省文物考古研究院支持的开封州桥遗址古汴河河道剖面(长25.7米、高8米),安徽省博物馆文物考古研究所支持的宿北运河遗址出土的石铆钉,洛阳市文物考古研究院支持的回洛仓碳化粟米等文物,都陈列在大运河博物馆。观众在展厅不仅可以看到隋唐大运河、京杭大运河、浙东运河的"前世今生",还能感受到运河沿线水利工程、漕运盐利、饮食风物、舟船样式、市井生活的自然生态,体验到中国大运河流域的历史积淀和人文风貌,可以说是不可移动文物活化利用的又一生动实践。二是以文塑旅、以旅彰文,呈现数字化。大运河博物馆精心打造的数字化沉浸式体验展"河之恋",以"水""运""诗""画"四个篇章阐释中国大运河文化,并通过引入"科技+艺术+文化"的裸眼技术理念,突出声、光、电、形、色等方面的流动效果,营造了富有创意、极具新意的沉浸式体验。"运河迷踪"展专为青少年观众打造,在全开放式的体验空间,以青少年喜爱的古风和二次元风格呈现,通过"密室逃脱"游戏方式,让观众了解运河水工科技、体验运河探索乐趣、领略运河沿岸风物。三是立足全域、放眼全球,彰显国际化。中国大运河自古以来就是中外文明交流互鉴的前沿地带,其蕴含的哲学思想、人文精神和道德理念是中国与世界对话的共同语言。为此,大运河博物馆专门设置"世界知名运河与运河城市"专题展,以具有共同运河文化基因和身份认同的运河城市为

主体,从世界遗产、水利智慧和城市风情三个方面,探索世界运河渊源,诠释运河城市特色。同时,通过携手世界运河沿线城市,形成更广阔的运河"朋友圈",更好发挥大运河博物馆在弘扬优秀运河文化、传播中华文明中的独特作用。

三、特色风采:扬州中国大运河博物馆沉浸设计特色

1. 文旅动线趣味性沉浸感营造

传统博物馆往往只注重整个参观动线的安全性和功能性,却忽略了它的趣味性及游戏性,所以博物馆将高趣味性的沉浸体验展厅与传统的静态展览相结合会是一个不错的选择。在动线设计上,中国大运河博物馆对常设展览、专题展览、数字化沉浸式体验展、临展展览及虚拟展厅进行交叉布局,其富有节奏感的游览路线给观众带来情绪上的起伏,它还对"大明都水监之运河迷踪"主题展厅进行了个性故事设计,以故事线索为引,用数字媒体技术打造出极具沉浸感与互动性的参观动线。

2. 数实融合交互式体验感设计

扬州中国大运河博物馆设计团队请了专业非遗造船团队来复原康熙时期的沙飞船,不管是内饰还是外形,都根据史料进行了最高程度的还原,力图给游客最贴近现实的沉浸空间。沉浸式展览让游客身临其境,将"实景复现+虚拟技术"作为主要的设计方法。实景复现要力求还原最真实的历史场景,进行或整体或局部的再现,通过活化那一时期的经典遗址或场景,给观众打造穿越时空之感。虚拟技术则是联通观众与文物、历史之间的桥梁,博物馆设置虚拟展览、虚拟游戏等场景,让文物及其承载历史可以突破时空限制,增强了博物馆的收藏、展示、体验及教育等功能。

扬州中国大运河博物馆的建立,为众多游客打开了一扇了解运河历史文化的窗口,让人们得以站在现代的视角,一窥古代运河沿岸的繁盛与豪迈。传统博物馆的数字化转型,让历史变得更具生命力。通过运用现代化的数字影像技术,让大运河的历史文化得以穿越千年光阴,以更为生动的姿态进入到所有游客的双眼与心灵。历史的厚重感与影像技术的科技感巧妙融合,大运河博物馆内所展示的运河景象便不再拘泥于抽象而晦涩的文字与图片,有着千年历史的运河风貌依靠现代科技的手段,形象而具体地铺陈于游客眼前,让游客从观察历史到感受历史,从接触历史到深入历史,从时间、空间、人文、自然等多个维

度,全方位地了解感知大运河沿岸的四季自然风物,以及其作为中国古代经济大动脉的非凡意义。总而言之,扬州中国大运河博物馆的建设、展览与运营体现了文旅融合高质量发展的时代要求,不仅协调了地方经济社会的发展,还服务于国家文化建设的总体发展规划,成为沉浸式城市更新过程中公共文化服务的重要组成部分。

第二节 "扬州中国大运河博物馆"特色项目展示

一、中国大运河博物馆展厅介绍

展厅所在楼层	展厅编号	展览名称	展厅类型
一楼	1号馆	大运河——中国的世界文化遗产	常设展览
	2号馆	运河上的舟楫	数字化沉浸式体验展览
	3号馆	因运而生——大运河街肆印象	常设展览
夹层	4号馆	世界知名运河与运河城市	专题展览
二楼	5号馆	中国大运河史诗图卷	专题展览
	6号馆	运河湿地寻趣	专题展览
	7号馆	大运河非物质文化遗产	专题展览
	8号馆	河之恋	数字化沉浸式体验展览
	9号馆	紫禁城与大运河	专题展览
	10号馆	隋炀帝与大运河	专题展览
	11号馆	形影——运河主题多媒介艺术展	临时展览
	12号馆	江都王	临时展览
负一楼	13号馆	大明都水监之运河迷踪	青少年互动体验展

1.【1号展厅】大运河——中国的世界文化遗产(第1层)

展厅介绍:序厅部分以大运河申遗的时间线为中心轴,采用顺序的故事展陈方式,选取运河申遗的重要时间、地点、人物和事件,再现饱经沧桑历史的中国大运河如何在现当代专家学者的呼吁下、在国务院统一领导的推动下、在文博考古从业者的实践里、在全国人民的殷切关注和盼望中,在大运河保护与申遗城市联盟的共同努力下,在多哈会议木锤敲响声里,多年努力玉汝于成,成功入列世界文化遗产名录,成为中华文明之标识。

2.【2号展厅】运河上的舟楫(第1层)

展厅介绍:"运河上的舟楫"是关于中国大运河舟楫主题的多媒体互动体验展,以实体体验结合数字多媒体虚拟体验的方式,讲述大运河舟楫的演变、舟楫的类型等相关知识与故事,展示大运河舟楫带来的南北文化融合与古今美好生活,是中国大运河博物馆展览体系中富有特色的专题展厅之一。

3.【3号展厅】因运而生——大运河街肆印象(第1层)

展厅介绍:规展柜的陈列模式,以"城市历史景观再现"的模式打造一个有历史场景和真实业态、让观众可以互动体验的展厅。自入口起,依次是"盛世东都、汴水繁华"(A区)、"财赋京师、富甲齐郡"(B区)、"漕运枢纽、往来盐商"(C区)、"人文江南、鱼米水乡"(D区)四个分区,力图再现大运河沿线城镇的历史景观。

4.【4号展厅】世界知名运河与运河城市(第1层)

展厅介绍:"世界知名运河与运河城市"展览以运河为纽带,以具有共同运河文化基因和身份认同的运河城市为主体,从世界遗产、水利智慧和城市风情三个方面,探索世界运河的渊源,诠释运河城市特色。展厅中包括6条世界遗产运河在内的15条代表性运河阐述了世界运河的遗产价值。堰坝、隧道、船闸等水利建筑物是运河和城市沟通的桥梁,展览着重阐释其在路径选取、建设方式、运营管理上凝聚的人类智慧。15座因运而生的代表性城市遍布五大洲,是运河对社会发展、自然生态、人文环境深刻影响的直接反映。展厅中央非固定展陈部分将邀请更多运河城市对话交流,共享发展经验。

5.【5号展厅】中国大运河史诗图卷(第2层)

展厅介绍:《中国大运河史诗图卷》是穿越时空凝聚而成的艺术结晶,以浪漫的笔意诉说千年汩汩流淌的大运河故事。画卷总长135米,高3米,其中上卷长43米,下卷长64米,书法题跋长28米,以江苏省书画家为主创成员,大运河沿线8个省(直辖市)的15位书画家共同参与,历时一年半,数易其稿而成。画卷通过全新的视角,从时间、空间、人文、自然等多个维度,将诗、书、画、印和谐交融,分为"中国古代伟大创举"和"新时代辉煌篇章"两部分,勾勒大运河长达 2500 年的开凿与发展历史,呈现运河沿线的四季自然风物与繁华景象。

6.【6 号展厅】运河湿地寻趣(第 2 层)

展厅介绍:中国大运河地跨八省市,沟通海河、黄河、淮河、长江、钱塘江五大水系,纵贯华北平原和长江中下游平原,穿越北暖温带、南暖温带、北亚热带、中亚热带,自然生态多样,生物种类丰富。"运河湿地寻趣"主要面向少儿群体,参与性强,在互动中呈现运河两千年的生态涵养,探寻运河湿地的奥秘。在"长长的运河、满满的湿地"板块中,有运河流经区域的自然风貌、生态环境、湿地概况、动植物种类等展示,可谓五彩缤纷。

7.【7 号展厅】大运河非物质文化遗产(第 2 层)

展厅介绍:展览分为三个部分。第一部分名为"乐韵流淌",运河两岸的传统音乐、曲艺、戏剧在舞台上轮番亮相,乐器、戏服、皮影的制作也值得一看,假如满足了耳朵仍意犹未尽,还可以在"唱吧"亮亮嗓子;第二部分"形色天成",映入眼帘的五彩中点缀着玲珑精巧,年画的印制、核舟的雕刻、苏绣的针法,传承人在中心区现场展示传统美术、技艺的精湛,值得探究;第三部分"民俗万象",在沉浸式的影音空间中领略节庆民俗,在二十四节气的轮回中寻觅季节的味道,带孩子抓个周或是驻足观摩一下传统的祝寿礼,体验仪式感的同时,顺便听听运河沿岸的方言。

8.【8 号展厅】河之恋(第 2 层)

展厅介绍:展厅根据空间特点设计影片脚本,以互动多媒体和沉浸式体验作为展区主要的呈现内容。展览空间内采用无隔断和造型艺术布局,充分实现空间与影片双重意义的无缝衔接,多媒体影片的结尾亦是开始,展厅空间的任何地方都可以是参观的起点。

9.【9 号展厅】紫禁城与大运河(第 2 层)

展厅介绍:大运河自隋唐"北通涿郡"开始,在各个历史时期,于政治、经济、军事、文化、商贸等方面,一直发挥着十分重要的作用。元、明、清以来,三千多里长的京杭大运河成为中国最重要的经济动脉,京城尤其是紫禁城所需各种物资多由此而来。"紫禁城与大运河"分为"运河漂来紫禁城""天下美物聚宫城"两个部分,阐释了紫禁城营建与大运河的密切关系,并以北上宫廷的瓷器、漆器、玉器等文物将清代宫廷生活片段一一呈现在观众眼前。

10.【10号展厅】隋炀帝与大运河（第2层）

展厅介绍：扬州因运河而兴，隋炀帝的一生与扬州、与运河相牵绊。展览以文物为主体，配合场景再现、文字展板，通过明暗两条线叙述了隋炀帝与扬州及大运河之间千丝万缕的关联。明线为隋炀帝杨广的人生历程，从受封晋王、坐镇扬州（古称江都），到称帝之后三下扬州，再到大业梦碎、江都宫变，一夜殒身失国；暗线则是将隋炀帝的个人抱负融入中国大历史的演进，客观呈现隋朝的历史功绩，包括振兴文教、开凿运河、改革礼乐等，重新审视隋朝运河的规划、营建及其对后世的深刻影响。

11.【11号展厅】临时展馆

每一期不同，以展馆安排为准（形影——运河主题多媒介艺术展）。

12.【12号展厅】临时展馆

每一期不同，以展馆安排为准（江都王、中兹神州——绚烂的唐代洛阳城等）。

13.【13号展厅】大明都水监之运河迷踪（-1层）

展厅介绍：在展厅中，体验者化身为古代监水使者，带着任务游历大运河，闯过重重关卡，潜移默化中熟悉了大运河的历史和文化，领略到大运河沿岸风物的美好。特别是深入浅出的多媒体解读，让体验者感受到大运河古代科技的独特魅力，对古代劳动人民的伟大智慧结晶产生敬仰之情，进而产生守护、传承祖先宝贵遗产的崇高信念。

二、中国大运河博物馆沉浸式数字技术体验介绍

数字文旅时代背景下，AR、VR、人工智能及5G技术的融合应用，使得博物馆在活化历史文物、增强与游客互动性、推动文化产业发展上取得了巨大进步，如何打造沉浸式博物馆已成为业界关注的一个热点。博物馆的沉浸式体验设计往往是伴随着数字科技及体验经济的发展而出现的，在数字媒体技术下，新型博物馆比传统博物馆更注重观众的体验，更加强调以"人"为本。

千年的运河、活着的遗产、流淌的文化，以新唐风建筑风格设计的扬州中国

第五章　扬州中国大运河博物馆的文旅融合数字化创新

大运河博物馆是大运河国家文化公园建设的标志性项目。它将传统工艺与现代技术相融合,再现了饱经沧桑历史的中国大运河的前世今生。大运河博物馆馆内运用 NEC 投影机打造的沉浸式数字展厅,更是通过亦真亦幻的影像,为游客留下了一段难忘的运河文化之旅。全开放式的体验空间结合了备受青少年喜爱的古风和二次元的风格,运用科技手段,设计出运河上的船只与不同河道场景中的机关和难题;虚实结合的唯美场景还原扬州的富裕繁华,让观众或置身喧闹的街市瓦舍,或乘着"运河"上往来的船只。在这里,可以"触摸"来自五湖四海的丰富物产,可以"打开"古老尘封的档案柜,可以"进入"神秘幽暗的仓窖……游戏通关后,观众还可以通过线上配套程序,将自己的惊喜与感动分享至社交媒体。在全国首创"大运河国家文化公园博物馆数字化沉浸式体验"中,中国大运河博物馆对空间设计、影片剧场设计、多媒体设计与制作、软件研发与制作、道具与美工制作重点发力,运用技术创新,广泛应用电子沙盘、环幕、投影、裸眼、红外技术以及 AR/VR 等多媒体语言,打造沉浸式体验,体现高质量发展的定位要求。构建现代展示展演与沉浸式古代场景相结合的体验空间,并通过游戏型教育模式构建,让观众获得个性化文化教育体验,探索出了一条在文化公园内打造数字化沉浸式体验项目的新路径。同时也让展览、展示、展演在博物馆内融为一体,在传承运河文明、讲好运河故事、传播运河文化中发挥积极作用。"大运河国家文化公园博物馆数字化沉浸式体验新空间"包含以"裸眼 3D"为亮点的"5G+VR 大运河沉浸式体验";以复原的沙飞船为媒介载体,综合应用全域投影实时渲染、增强现实技术(AR)、360°环幕 IMAX 投影等高难度复合型展示手段的沉浸式虚拟体验"运河上的舟楫";以运河街肆 4D 空间,配以天幕 LED 和物联网、程控技术的"大运河街肆印象";通过"科技+艺术+文化"的裸眼技术理念,打造 720°环幕互动空间的"河之恋";以真实比例和故事背景还原体验空间,运用人体红外感应等新技术呈现,以"博物馆知识展示+密室逃脱"的创新理念实现沉浸式闯关与古代历史文化角色体验的"大明都水监之运河迷踪"。在 2022 年 5 月 18 日"国际博物馆日"中国主会场活动上,扬州中国大运河博物馆荣获"全国博物馆十大陈列展览精品奖",其将展览展演、沉浸式体验、景观重现及游戏动线融为一体,形式新颖。而在第 11 届艾蒂亚奖评选当中,扬州中国大运河博物馆还荣膺"最佳历史文化旅游项目奖"。

1."5G+VR 沉浸式体验"

扬州中国大运河博物馆以"5G 大运河沉浸式体验馆"为亮点,通过裸眼 3D 的形式,以 5G+VR 720°全景视角和千亿级像素的超高清视觉等高科技互动技术,"一镜到底"穿越 17 座运河城市,数字化、可视化地呈现了千年运河的历史风貌和文化底蕴。

2."实体体验＋虚拟技术"

在"运河上的舟楫"展厅,第一部分以 78 艘船模为展示主体,以"实体体验＋多媒体互动体验"的方式,结合触摸屏与 AR 互动等科技手段,突出"知识性＋体验性",构建了一个关于舟楫的知识体系;第二部分为沙飞船多媒体互动体验区,打造"沙飞船实体体验＋数字沉浸式虚拟体验",综合应用全域投影实时渲染、现实增强技术(AR)、360°环幕 IMAX 投影、具备 5G 直播技术等高难度复合型展示手段,营造出"沉浸"氛围。

3."无文字＋沉浸式"

为了让观众在展厅中感受日夜、天气的环境变化,扬州中国大运河博物馆在"运河街肆展"安装天幕,使用了大量 LED 技术,20 分钟循环一次,模拟一天 24 小时的光影变化。

4."科技＋艺术＋文化"

"河之恋"展厅通过抽象化、符号化的多媒体语言阐释中国大运河文化,采用裸眼技术理念,突出声、光、电、形、色等方面的流动效果,同时 720°的环幕互动空间在全国十分罕见。

5."沉浸式古风体验"

运河迷踪项目是国内首家密室逃脱类体验项目,以真实比例和故事背景还原体验空间,运用 AR 虚拟现实技术、全域投影实时渲染等当代媒体技术呈现古代历史文化,创造空间的延伸感,同时结合 H5 手机程序,引导观众参观。

三、扬州中国大运河博物馆特色项目介绍

1."大运河——中国的世界文化遗产"展

"大运河——中国的世界文化遗产"展位于扬州中国大运河博物馆的一号展厅,也是参观者对博物馆留下的第一印象。为什么要开凿运河?运河为中国的发展带来了哪些变化?这些问题都能在这个展厅内找到答案。

第五章　扬州中国大运河博物馆的文旅融合数字化创新

该展览全景展示了中国大运河的历史面貌与文化价值,包括沧桑运河之历史沿革、水利工程之天工巧夺、国家管理之天下转漕、万民生业之流蕴风物,同时结合大运河申遗历程,以及大运河文化带和国家文化公园建设的新时代背景,对世界文化遗产的保护、传承和利用作了全方位的回顾与展望。

震撼,是所有人进入展厅后的感受,"重"磅文物比比皆是:完全从汴河河道揭取的剖面,长 25.7 米、高 8 米,宋、元、明、清四个朝代的河道底层土色、沉积文物,配以标注各朝代河面宽度与深度的线段,大运河河道在不同时期的变迁一目了然;55 吨的唐代船型砖室墓、27 吨南宋砖瓦窑均是从考古现场整体搬取,原汁原味地讲述运河与沿岸人民生活的紧密联系。长 7.5 米的兖州府镇水铁剑,与镇水铜牛并列展示,是古人治理运河河道的见证。

观众在展厅不仅可以看到隋唐大运河、京杭大运河、浙东运河的"前世今生",还能感受到运河沿线水利工程、漕运盐利、饮食风物、舟船样式、市井生活的自然生态,体验到中国大运河流域的历史积淀和人文风貌,可以说是不可移动文物活化利用的又一生动实践。

"大运河——中国的世界文化遗产"展内,以 5G＋VR 的形式展现当代运河沿岸情景,千亿像素让实景展示更逼真,扬州入镜的文峰塔倒映在高清的屏幕上,似乎伸手可及。

2. "因运而生——大运河街肆印象"展

"船"行至岸边,"游客"们纷纷上岸,眼前一条热闹繁华的商业街映入眼帘。放眼望,满挂的大红灯笼喜气洋洋;侧耳听,小贩们的吆喝声声入耳,这就是扬州中国大运河博物馆的又一特色展览——"因运而生——大运河街肆印象"。

该展览以"城镇历史景观再现"的模式,打造了一个有历史场景和真实业态、让观众可以互动体验的空间。一条主街将不同时空的"运河故事"进行串联,以真实的视觉、触觉、味觉、嗅觉、听觉体验,让观众从多个维度身临其境,开启一场穿越唐、宋、明、清的时空之旅。

置身其中可见,街肆已经初具规模,不少"商铺"已经摆上了琳琅满目的商品——饭馆内,几可乱真的大餐令人垂涎欲滴;药铺内,整齐堆放的药盒沾染了岁月的痕迹;布庄内,五颜六色的时兴面料正等待爱美人士的挑选;茶馆内,民间艺人的说书声与喝彩声一齐灌入耳内;星空满布的"天空"中不时燃起几朵烟花,运河沿岸热闹安宁的街肆景象就这样在眼前铺陈。

每一个参观者都是这个展览的组成部分,商业购买化身沉浸式体验的一个环节。展览中的 35 栋建筑涵盖了古代的各个行当,并具有各个朝代的特色。

3."运河湿地寻趣"与"运河迷踪"展

目前,走进博物馆的亲子家庭越来越多,因此在展陈设计的时候,希望不同年龄、不同诉求的参观者都能在馆内找到自己喜欢的内容。

如果说前面的几个展览,稚嫩的孩子们看着懵懂,那么"运河湿地寻趣"这个展览必将燃起孩子们的兴趣。走进展厅内,明亮的展览布置让人眼前一亮,逼真的动物标本、仿真的水环境系统以及小鱼小虾们在微缩景观内自由地游动,一切都充满了童真与趣味。

这个展览是送给儿童的礼物,从展品设置的高度到展牌的表达方式,都是以儿童为中心设计的。展厅内设置多种互动方式,儿童可以从探究性学习的角度,了解运河不同植物分布的情况。

相较于"运河湿地寻趣"的低龄化,位于负一楼的"运河迷踪"展则专为青少年游客打造,在全开放式的体验空间内,以青少年喜爱的古风和二次元风格呈现,通过"密室逃脱"游戏方式,让青少年在解密中了解运河水工科技、体验运河探索乐趣、领略运河沿岸风物。

千年运河波澜壮阔的历史,在博物馆化作穿越时空的旅程,震撼人心。这是博物馆的魅力,更是中国传统文化的魅力。瞧,初夏古运河两岸繁花似锦,河水托载着来往的船只奔赴远方。岸边的中国大运河博物馆,书写并见证着新时代运河给人们带来的美好生活,生生不息。

第三节 "扬州中国大运河博物馆"所蕴含的深远意义

大运河是中华民族奔流不息的血脉,是中华文明的重要标识。扬州是大运河的原点城市,中国大运河申遗的牵头城市。在扬州建设中国大运河博物馆,具有重要的文化意义和时代价值,对扬州乃至中国的大运河文化起到了深远的影响。

一、扬州中国大运河博物馆的效益和影响

1. 大运河的保护传承

大运河作为我国第 46 个世界遗产项目,其天然的文化内涵与厚重的历史

第五章　扬州中国大运河博物馆的文旅融合数字化创新

意义自然不言而喻,作为大运河国家文化公园的重要内容,博物馆将展示大运河文化遗产的价值内涵作为场馆建设发展的重要任务,充分发挥保护传承的功能。如今的数字化进程中,大运河所蕴含的中华民族精神正通过一种全新的方式被挖掘出来,这不仅仅是对文化与历史的现代化保护,同时也进一步提升研究大运河遗产价值、文化价值的能力,以自身场馆科学研究功能的实践深入挖掘、了解、研究以大运河为核心的历史文化资源,这对大运河文化的传承有着极为重大的意义。

通过数字化的建设,博物馆得以全流域、全时段、全方位地展示中国大运河的历史和文化,其展品涵盖生活生产用品、文学艺术作品、遗址留存、墓葬文物、动植物标本等与运河相关的各个方面,多角度展示大运河文化传承发展的生动性,维护大运河文化的多样性,增进公众对于运河文明的文化认同感和归属感,以此起到对大运河文化的保护和传承作用。

习近平总书记曾说,文物承载灿烂文明,传承历史文化,维系民族精神。要发挥好博物馆保护、传承、研究、展示人类文明的重要作用,守护好中华文脉,并让文物活起来,扩大中华文化的影响力。扬州中国大运河博物馆通过数字化的技术,不单单是留住了观众们对于博物馆的喜爱之情,更是借此让中华民族的璀璨文化展现在世人面前。让文物"活"起来,通过数字化的技术赋予了不可移动的文物以新的展现方式,身临其境的参观体验能够让这一历史的记忆保存在现代科技之中,并永远印刻在观众的脑海中,传承给未来的一代又一代。

扬州中国大运河博物馆的数字化运用,不仅是对大运河文化的保护与传承,更是树立了将不可移动文物和其所孕育出的文明相结合的典范,其保护的将远远不止于大运河本身,更是其悠久厚重的文化。其传承的亦不仅是运河文明,更是中华民族代代相传的劳动精神。文物和文化遗产承载着中华民族的基因和血脉,是不可再生、不可替代的中华优秀文明资源,扬州中国大运河博物馆的数字化创新将大运河这一遗产进行了细致的保护与传承,具有非凡的意义。

2. 大运河的文化教育

对于博物馆而言,馆藏即教材,优秀的博物馆就犹如出色的主编,将文明承载在笔墨文字之间,向读者们展示着人类历史最精炼、最光辉的一面。由此而言,博物馆的参观活动即是一种教育活动。

扬州中国大运河博物馆通过数字化创新,将文物脱离现实的束缚,通过多重维度的数字化展示,拉近文物与观众之间的距离,甚至是脱离博物馆本身,能够将其"装进口袋,带回家中"。博物馆由此变成了一个电子化的教育文库,通过设定鲜明的展览主题,展出设计以运河本身及文化内涵的发展为线索,这种类似教科书中章节划分的方式更加突显博物馆的教育属性。

扬州中国大运河博物馆在讲述大运河本身发展的同时,重点展示在运河文化影响下产生的文物遗迹、文学作品,还原运河风情的生产生活活动,这一切都得益于博物馆在数字化进程中做出的创新之举。让文物"活"起来,不仅仅是针对其传承的作用而言,更是要将其从历史中提取出来,通过数字化的方式使其适应现代化的呈现方法,最终展现在人们眼前。在数字化的创新当中,一切历史与文化不再只是抽象的名词,而是看得见、摸得着的。通过数字化手段,博物馆中的一切都被赋予了数字意义上的生命,这让人们能真切感受到大运河在不同的时间维度中所具有的不同情况与意义。得益于此,展品与展品、展品与展示方式之间有明确的关联度,形成了一个完整的"馆藏教材"体系。通过体系化的创新实践,扬州中国大运河博物馆将大运河文化真真切切地传递给每一个观众,让观众在体系化的教育之下能够更加清晰、完整地感受大运河的魅力。

扬州中国大运河博物馆在高度重视历史与社会文化维度下展现大运河文化,着力挖掘和表现地方特色与人文背景,并借助数字技术辅助,进行相应的展示教育活动规划,在互动方式上强调博物馆展示方式与公众的双向交流,整合线上线下资源拓展"大运河文化"展示渠道,强有力发挥其文化教育功能。一直以来,习近平总书记高度重视博物馆工作,强调"一个博物院就是一所大学校",指出"搞历史博物展览,为的是见证历史、以史鉴今、启迪后人",要求"守护好、传承好、展示好中华文明优秀成果"。扬州中国大运河博物馆在整合线下实体资源的基础之上,借助数字技术的创新发展,将博物馆打造成为适合全年龄段的全方位文化教育学堂,为人们了解大运河的历史与文化编写出了一部丰富而又精彩的教育大纲,融会贯通中华民族千年以来的历史文化,又以扬州地方特色加以数字化创新,将大运河博物馆打造成了中国运河文化的教育旗帜。

3. 大运河的对外交流

人类在生产过程中,因需要记忆而诞生出了诸多的工具,博物馆便是其中之一,它是展示一个国家、一个地区文化遗产和自然遗产的重要场所。习近平总书记认为,博物馆是保护和传承人类文明的重要殿堂,是连接过去、现在、未来的桥梁,在促进世界文明交流互鉴方面具有特殊作用。博物馆外交则是贯通串联不同人类文明的交流工作与国家层面的文化外交政策相结合的交叉性实践活动。

在国外,运河依旧发挥着重要的作用,如埃及的苏伊士运河、英国的曼彻斯特运河、巴拿马的巴拿马运河,等等。这些运河从古至今在一定区域范围内都给人类的生产生活与文化繁衍带来了极大的影响,而运河也成为了中国与世界交流的一个窗口,这也与扬州中国大运河博物馆的数字化创新成功契合。

江苏位于"一带一路"的交汇点,这本身就为扬州中国大运河博物馆提供了很好的区位优势。博物馆充分发挥了自身所拥有的大运河藏品和研究成果的特色和优势,同时经过数字化的创新,这些优秀成果能够以更加现代化、立体化、多样化的形式向全世界展现,并能够突破国别的限制向世界其他地方无障碍地延伸。以此为基础,博物馆以举办世界运河城市论坛、办理合作特殊展览、线上交流等方式,与"一带一路"上的重要运河节点相连,并进一步扩大合作范围与形式,将中国的大运河文化推广至全世界,使得全球不同国家的人民都能够通过数字技术近距离感受到中国文化的魅力,深刻了解中国大运河,助力我国实现文化自信自强。

将目光再放回全国,以运河为主题或是与运河相关的博物馆也不在少数,若要以中国的名义向外展示大运河文化,这不仅仅是扬州中国大运河博物馆的个人使命,将更多的文物资源进行整合利用更是迈向世界的关键一步。2020年10月16日,将秘书处设在扬州中国大运河博物馆,并暂由南京博物院代为管理的"大运河博物馆联盟"便是一种探索,联盟将通过理念创新、信息互通、资源互换和机制互联,打破地缘阻隔,促进文物合理利用,创新文物"活起来"的方法途径,打造一批大运河国家文化公园的核心展示馆、特色展示点。在数字化创新加持之下,中国的运河博物馆群将不再是零散、孤立的存在,万物互联互通的技术革新也将出现在运河博物馆之中,通过数字化整合,加强运河文化学术研究合作,协调运河沿线展览、文创、教育资源,深化大运河文化品牌的国际影响力,为中国运河走向世界提供了更为宽广的平台。同时中国大运河智库联盟、大运河城市全媒体联盟、大运河城市智慧文旅消费联盟、大运河文旅产业投资联盟、大运河品牌联盟等一系列联盟化、体系化的运作模式也在与扬州中国大运河博物馆的数字化融合之中提高技术赋能,凝聚国家力量,形成了对外交流合力。

4. 大运河的文旅中枢

文化与旅游相结合的融合发展是当前国内的一个大趋势,在这一背景之下,博物馆将构建起同时兼顾文化教育与旅游玩乐的多元化纽带,作为一种城市地标出现,成为推动当地人文特色旅游、拉动经济增长的重要力量。一直以来,无论是"南江北淮"的水韵江苏还是"世界美食之都"的扬州都是国内令人向往的文旅胜地,中国大运河博物馆选址扬州三湾风景区,是一个能够反映大运河工程的标志地段,加之"全流域、全时段、全方位地展示中国大运河历史和文化以及运河两岸人民的美好生活"的文化内涵,扬州中国大运河博物馆拥有了能够成为文旅中枢的现实基础,而数字化创新则赋予其更高的文旅中枢属性。

作为文旅中枢,扬州中国大运河博物馆必须具有较高的辨识度,这一切的重点之一便是临时展览。博物馆的策展团队利用数字化的技术与其他公共文化服务机构、商业机构、科研院所等合作办展,利用各自的资源优势提升展览质量、扩大受众覆盖面,立足本身向外拓展,借助资源优势以及特色主题,通过数字化技术运用提高品牌辨识度以及与其他主体的契合程度和交流便利度。同时,博物馆还在"小而精"的展览上面做足了文章,在大数据分析与互联网思维的融合之下,充分利用空间的交错与延展属性,在诸如餐饮购物区域、停留休憩区域、交联互通区域等开放展览,在多部门的跨界合作中利用数字化理念实现多方共赢。

此外,博物馆的特色短期大型活动亦是展现自己特色、发扬文旅中枢属性的一大要点。扬州中国大运河博物馆着眼于未来一代青少年的需求体验设计出属于自己的主题文化,将大运河文化主题与当代青少年的文化旅游需求结合起来,设计系列特色活动,巧妙应用数字化创新技术,如 AR 技术、3D 互动等科技手段,调动儿童和青少年群体的参与激情,从而带动整个家庭的旅游热情,通过大运河建立起教育、娱乐与亲情的纽带。借助信息技术的改革创新实践,扬州中国大运河博物馆朝着集教育、学习、休闲、娱乐、购物、体验于一体的泛博物馆旅游产业聚集区发展,实现博物馆事业与文化旅游产业的融合发展。

这条春秋时期便开始陆陆续续挖掘,并于隋唐时期达到建设规模顶峰的大运河,在近代以来,从 2006 年京杭大运河被公布为全国重点文物保护单位,到 2013 年京杭大运河、隋唐大运河和浙东运河三段整合为大运河并以此名义列入了第七批全国重点文物保护单位,再到 2014 年大运河成为世界文化遗产,成为了中华民族连绵两千多年的历史遗产与文化纽带,这项世纪工程已经不再是简单的运输渠道和灌溉工具。扬州中国大运河博物馆的设计与建造正是要将中华民族集体的智慧与不屈的精神传递给更遥远的将来。扬州中国大运河博物馆的数字化创新,带来的不仅仅是视听之上的盛宴,更是开拓新时代文化保护与传承工作的伟大实践,为大运河的保护传承、文化教育、对外交流以及文旅中枢功能提供了新时期的范本,也是我们未来博物馆数字化建设的根基。

二、扬州中国大运河博物馆的未来展望

1. 加强理论建设，加快转变发展观念

先进的理论建设是扬州中国大运河博物馆发展的"先行军"。要以扬州中国大运河博物馆发展项目为支撑，聚焦运河文化传承传播、大运河文化带及国家文化公园建设等重大问题，开展全局性、战略性、前瞻性的研究阐释，瞄准扬州中国大运河博物馆展示全流域、全时段、全方位的大运河专题博物馆的目标定位，以理论发展带动专业实践。同时，发挥博物馆的科研功能，以自身场馆科学研究功能的实践深入挖掘、了解，研究以大运河为核心的历史文化资源，切实做好大运河文化的保护传承利用工作。

加快转变发展观念。在文旅融合发展背景下，文化的多元化诉求和旅游的体验性需求日益增加，扬州中国大运河博物馆的建设、展览和运营的谋划体现了高质量发展、文旅融合发展的要求。首先，应以融合理念定位发展方向。场馆建设及展陈既要充分弘扬运河文化，又要切实关注游客体验，发展方向既要服务国家文化建设的发展大局，又要服务地方旅游经济的协调发展，实现社会效益和旅游贡献度的双提升。其次，要运用"博物馆＋"发展思路，丰富发展业态。从更宏观的视角去认识、理解博物馆的建设及发展，深度融合文旅、科教、公共服务等多种业态，将扬州中国大运河博物馆打造为新文化地标和多功能公共文化服务机构。再次，要以开放性观念定位发展格局。在全球化进程下，文化的多样性促进了国际文明的交流互鉴，博物馆这一文化载体之间的互动合作也日趋深入，发展格局发生了巨大的变化。作为全面反映大运河历史概况、现今状态和运河创造美好生活的一流博物馆，扬州中国大运河博物馆需要有包容的胸怀、开放的视野，放大发展格局，通过联盟机制将国内大运河文化发展的力量集聚到一起，在增强国内大运河文化实力的同时主动"走出去"，加强与各国运河历史文化城市合作组织、联合国教科文组织等的联系，向世界展示中国大运河历史文化和传统文化的魅力，让世界了解中国大运河、了解中国。

2. 创新发展方式，打造运河特色旅游品牌

扬州中国大运河博物馆肩负着传承传播大运河历史文化的责任，它不仅是一个固有的文化展馆，更是大运河文化旅游IP的核心之一。创新发展方式，需

围绕运河文化的整体发展,由博物馆组织并形成研讨结果,指导运河文化 IP 内核实现对外输出,打造运河特色旅游品牌,使运河文化在文旅深度融合的背景下实现传承和活态发展。

一要以深度化运营宣传大运河文化。围绕主题概念形成一套完善的运营体系,使"运河文化"成为场馆的核心亮点,将扬州中国大运河博物馆变成重要的旅游目的地。围绕具有主题色彩的相关联内容进行旅游业务开拓、实现文化宣传,并不局限于文物展示和传播文化,可围绕运河文化 IP 开展提供产业链拓展,与旅游产业链合作进行文化传播和业务拉取。利用互联网拓宽运营渠道,借助 OTA(在线旅游)平台和旅游网站的相关板块,以及短视频、直播等新媒体,通过旅游日志、体验分享等形式做好大运河文化宣传。

二要以智慧化方式加载特色旅游模块。目前,扬州中国大运河博物馆已开通微信公众号,并在馆内设置了数字沉浸式体验展。为进一步提升游览者馆内体验、扩大扬州中国大运河博物馆文化影响力、塑造其特色旅游品牌,应以智慧化方式加载特色旅游模块,如:将讲解、导游、展示、互动等多个旅游功能模块对接当下的数字化生活方式,提升游客的参观体验;利用互联网打造一个虚拟的网络博物馆,如 5G 大运河、历史景观再现、大运河虚拟展示平台等,形成线上运河展示、线下文旅体验的格局,进一步扩大扬州中国大运河博物馆的影响力;构建文物知识图谱,将海量、多源的运河文化领域数据组织起来,以更为丰富的知识表达、更精准的知识呈现,支撑扬州中国大运河博物馆多种知识业务需求和文物展示需求,实现知识图谱在文物领域的亮点应用。

三要以复合型服务支持文化旅游发展。主动将公共文化和旅游服务链接到全省乃至全国公共服务的大篮子里,与同类博物馆进行藏品互借互鉴,与美术馆、图书馆开展主题活动合作,不断扩大扬州中国大运河博物馆对公众的影响力,提升公共文化服务的社会效能。多途径提升旅游服务与活动品质效能,如:提供更具吸引力的展览和文化活动,在短期的临时性展览方面多加探索,尝试与商业机构合作办展,利用休闲、交通、餐饮、购物等区域的人流量,增加观展人气,在博物馆与商业的跨界合作中实现文化艺术与商业的共赢;将大运河文化主题与当代青少年的文化旅游需求结合起来,在吸引青少年参与的同时带动其他年龄群体的旅游热度;重视内外部空间的复合利用,通过业态整合实现集聚效应,实现扬州中国大运河博物馆事业与旅游休闲、文化创意产业融合发展。

3. 促进运河文旅产业与相关产业融合发展

文化和旅游产业,一方面给民众提供了相应的文化和旅游服务,另一方面

第五章 扬州中国大运河博物馆的文旅融合数字化创新

能拉动地方经济发展。博物馆既有社会效益,也有经济效益,但其经济效益并不是直接得益,而是为所在城市提供相应的旅游贡献度。扬州中国大运河博物馆的建设、展览和运营谋划处处体现了高质量发展、文旅融合发展、优质化旅游体验的定位,是连接文化旅游多元素融合的重要枢纽。以此为平台,发展运河文旅产业,既是实现博物馆自身社会效益和经济效益,也是对文旅深度融合发展的切实回应。

一要促进艺术精品创作与文化产业链拓展相融合。艺术创作不仅是文化层面的实践活动,也是丰富文化产品、拉长文化产业链条的关键要素。要依傍扬州中国大运河博物馆丰富馆藏,深挖大运河文化特色,将艺术精品创作与文化产业链拓展相融合。如立足馆内小型剧场,以戏剧作品对接展演活动,实现戏剧精品创作与文化服务行业相融合,通过传统戏曲展演丰富文旅演出市场。以书画精品创作拉动展出、培训、销售等文化产业营销环节。借助场馆优势,以日常展厅对接书画展览,以营销区对接绘画学习、写生创作需要,为文化艺术创作提供良好载体等,进而反哺文化产业,形成长效的文化产业链,实现社会效益与旅游贡献度双赢。

二要推动文化遗产保护与旅游产品开发相融合。扬州中国大运河博物馆既要展示大运河作为文物保护单位和世界文化遗产的价值内涵、保护传承的意义,又要在传承运河文明、讲好运河故事、传播运河文化中发挥积极作用,那么大运河的文化价值在扬州中国大运河博物馆发展中需充分体现。要将大运河文化遗产保护与旅游业态相融合,与旅游产品开发相融合能够进一步盘活大运河所蕴含的人文精神与文化基因,实现非遗的生产性保护,提升文化遗产增加值,是无形文化力量具象化的有力举措。要深挖运河文化遗产资源,开发文化旅游创意产品,与社会力量开展多种形式的合作,加强博物馆旅游产品的精准开发和联合协作,将富含运河特色的非物质文化遗产资源纳入旅游产品开发规划,将非物质文化遗产传承人的创作、传授、表演等环节与旅游产品的开发、生产、供给相融合,不断创新旅游产品的表现形式,推出一批文化内涵与旅游品位兼具的博物馆旅游产品,促进运河文化内涵挖掘与旅游品位提升相融合。

三要以"博物馆+"战略融合多元业态。"博物馆+"战略要求扬州中国大运河博物馆从更宏观的视角去认识、理解自身建设及发展,充分融合文旅、科教、公共服务等多种业态,探索"博物馆+研学""博物馆+运河文化研究""博物馆+文创发展"等多种融合新模式,形成立体多维的新型专题博物馆文旅产业发展格局。

4. 强化人才培养,提升旅游服务质量

高质量人才队伍是博物馆旅游功能实现的重要载体,也是推动博物馆旅游服务有序的重要力量。提高对人才队伍建设的关注度,是促进扬州中国大运河博物馆实现旅游服务能力和旅游贡献度提升的关键举措之一。

一要完善自身教育培训体系。将旅游服务质量教育纳入扬州中国大运河博物馆自身人员培训体系之中,系统编制旅游服务质量教育培训教材,组织和开展多层次多类别的旅游服务标准化、旅游服务质量管理和服务技能培训。建立服务质量培训制度,加强馆内工作人员培训。

二要力邀社会力量参与,拓展人才来源渠道。通过社会力量补充人才队伍的深度和广度主要有两种形式:一是引入专家顾问团队,建立有助于博物馆内涵式发展的"专家库";二是招募志愿者团队,组建展现扬州中国大运河博物馆风采的志愿者队伍,根据志愿者的文化层次、服务志向、兴趣技能,明确定位继而充实到岗,实现人尽其才、才有所用。

三要以"请进来,走出去"方法对接常态化规培。人才培养工作是时做时新,而非一劳永逸的,要坚持常态化的系统培训,以适应人们变化的需求和博物馆的发展要求。可以"请进来,走出去"的培训方法对接常态化规培,实现馆内强化自身,馆外联动升级。于馆内,加强各业务部门之间的沟通交流,根据业务需要打破原先的分工限制,定期开展馆内业务学习,交流工作心得,实现一专多能式人才的培养。于馆外,邀请相关专家来馆指导业务工作,并与其他文博机构建立互学互鉴的往来关系,可相互派工作人员挂职锻炼,丰富实践经验。定期委派工作人员外出学习,并参与课题研究、项目合作等,强化文博的业务理论并与实践相结合。

扬州中国大运河博物馆作为我国大运河主题博物馆的集大成之作,在未来将继续成为运河之上的"领头帆",带领中国运河文化与博物馆建设走向更广阔的数字化创新道路,为中国的博物馆事业贡献出更加特色鲜明、技术领先的力量。

第六章

苏州湾数字艺术馆的沉浸式文旅体验

第六章　苏州湾数字艺术馆的沉浸式文旅体验

当前,中国数字经济正飞速发展。根据《中国互联网发展报告(2022)》统计数据显示,2021年,全国数字经济规模达到45.5万亿元,占GDP比重达到39.8%。与之相伴的是,数字文化消费规模呈快速扩大趋势,对经济社会发展和社会文明程度提升起到重要推动作用。党的二十大报告提出,要实施国家文化数字化战略,健全现代公共文化服务体系,创新实施文化惠民工程。文化机构如何在数字化的浪潮中勇立潮头,考验着各方的智慧。

2022年5月,中共中央办公厅、国务院办公厅印发的《关于推进实施国家文化数字化战略的意见》中明确提出,到"十四五"时期末,基本建成文化数字化基础设施和服务平台,形成线上线下融合互动、立体覆盖的文化服务供给体系。到2035年,建成物理分布、逻辑关联、快速链接、高效搜索、全面共享、重点集成的国家文化大数据体系,中华文化全景呈现,中华文化数字化成果全民共享。中共中央、国务院印发的《数字中国建设整体布局规划》中指出,建设数字中国是数字时代推进中国式现代化的重要引擎,是构筑国家竞争新优势的有力支撑。随着顶层设计的出台,数字中国建设的宏伟蓝图正在徐徐展开。

智慧旅游沉浸式体验新空间指依托旅游景区、度假区、休闲街区、工业遗产、博物馆等场所或相关空间,运用增强现实(AR)、虚拟现实(VR)、人工智能(AI)等数字科技并融合文化创意等元素,通过文旅融合、虚实结合等方式,让游客深度介入与互动体验而形成的一种旅游新产品、消费新场景。作为极具智慧旅游沉浸式体验的新空间代表之一,苏州湾数字艺术馆实现了艺术内容、展陈手段、场馆运营等全场景数字化创新,为游客带来数字艺术世界的新奇体验。像苏州湾数字艺术馆一样为市民游客提供舒适与自在的文化空间与业态,在其他地域也越来越多,涵盖公共阅读、基层文化、文博艺术、商圈跨界等多类型。近年来,苏州以深厚文化底蕴为依托,以基础设施建设为根基,以各类文化活动为抓手,不断满足市民游客多样化的文化需求,江南文化"苏州湾标识"正在不断擦亮。

第一节　苏州湾数字艺术馆的发展现状

苏州湾数字艺术馆位于苏州市吴江区苏州湾文化中心南区,是一个集艺术、科技、文化、教育于一体的数字艺术馆,总投资达1.8亿元,建筑面积约为

14 000平方米,其中展厅面积约为5 000平方米。这个艺术馆的特色在于全场景数字化,通过先进的数字化技术,观众可以享受到沉浸式的艺术体验。无论是欣赏传统的艺术作品,还是参与数字化的互动体验,都可以获得前所未有的感官享受。在苏州湾数字艺术馆,物联网技术与管理手段的应用也十分突出,通过物联网技术,展馆的各项设施和细节都可以实现可视化,观众可以更加直观地了解展品和设施的信息,这种技术不仅提升了观众的参观体验,也拉近了观众与艺术之间的距离。

数字技术的应用,正在打破传统文博场馆的时空限制。传统文博场馆往往受到时间、地点等因素的限制,而数字技术的应用使得艺术馆可以全天候、全方位地向公众开放。无论是在何时何地,观众都可以通过数字化设备欣赏到各种艺术作品,使得文化艺术更加贴近人民群众的生活。同时,数字艺术馆也为文化创新和共享文化成果提供了便利,在数字技术的支持下,艺术家可以更加便捷地进行创作和展示,观众也可以更加深入地参与到文化的传承和发展中来,这种互动性和参与性不仅激发了艺术家的创新灵感,也让更多公众能够感受到文化的魅力。

总的来说,苏州湾数字艺术馆是一个科技与文化艺术完美结合的产物。它不仅是一座具有现代化特色的建筑,更是一座充满活力和创新性的文化艺术平台。其特点主要体现在以下几个方面:一是数字化技术的应用。苏州湾数字艺术馆运用AR、VR、沉浸式空间等沉浸式体验技术,实现了全场景数字化。这些先进技术的运用,不仅丰富了艺术作品的展示方式,还为观众提供了更加生动、立体的艺术体验。二是创新互动体验。数字艺术馆打破了传统艺术馆的静态展示模式,通过各种数字化设备和技术,为观众提供多种互动体验。观众可以更加深入地参与到艺术作品中,从而更全面、深入地了解和感受艺术。三是科普教育功能。苏州湾数字艺术馆不仅是一个展示艺术的场所,还具有科普教育的功能。馆内设有各类科普教育设施和活动,如数字科技体验区、手工制作区等,旨在通过实践和互动的方式,提高观众的科学素养和动手能力。四是文化传承与展示。数字艺术馆致力于传承和展示优秀的传统文化,将之与现代科技相结合,以更加新颖、生动的方式向公众展示。这不仅有助于保护和传承传统文化,还能让更多人了解和喜爱传统文化。五是建筑特色与设计。苏州湾数字艺术馆的建筑也具有独特之处。其设计灵感来源于自然与人文的融合,运用现代建筑技术和材料,呈现出一种简洁、大气的风格。同时,建筑内部的空间布局和流线设计也十分合理,为观众提供了舒适、便捷的参观体验。

一、数字艺术展览琳琅满目

苏州湾数字艺术馆自 2021 年立项以来,已经发展成为一处集艺术交流、科技体验、文化传承、科普教育于一体的大型数字艺术馆,实现了艺术内容、展陈手段、场馆运营等全场景数字化创新,是集数字艺术展览、数字艺术显示国际标准(H.629.1)产业联盟基地、文化与科技融合创新成果展示中心、青少年美育科普体验基地于一体的新型数字文化体验空间。苏州湾数字艺术馆于 2023 年 3 月正式对公众开放,总建筑面积约 14 000 平方米,展厅面积约 5 000 平方米,馆内设有数字艺术展"灵境——未来灵感世界",视觉健康艺术展"灵眸——瞳趣视界""画游千里江山——故宫沉浸艺术展"三大极具科技感、艺术性和科普性的创新展览。2023 年 7 月,艺术馆重装升级,常设展"灵境"阵容换新,"感知苏州"全维升级,"艺术盒子"全新亮相,"亲子"导览重磅回归,全新数艺装置首秀……

1. 灵境——未来灵感世界

苏州湾数字艺术馆的视觉艺术展"灵境——未来灵感世界"是一个以数字技术展示的现代艺术展览。该展览以钱学森 30 多年前提出的概念"灵境"为名,运用虚拟现实技术、增强现实技术等数字技术,将艺术与科技相结合,探索未来灵感世界的可能性。"灵境——未来灵感世界"展览主要由"时空穿梭机""多感知星球"和"未来灵感城"三个部分构成。这三个部分各自独立,又相互联系,共同构建了一个虚实融合的元宇宙空间。

"时空穿梭机"部分,通过虚拟现实技术,让观众可以穿越时空,亲身体验不同历史时期的艺术风格和人文气息。在这个过程中,观众可以看到古代的绘画、雕塑和建筑,感受到古代艺术家的创作思路和审美观念。同时,观众还可以通过互动装置与古代艺术家进行虚拟交流,深入了解他们的创作过程和心路历程。"多感知星球"部分,通过增强现实技术,让观众可以看到各种奇妙的生物和景观。在这个"星球"上,观众可以看到植物的微观世界,感受到动物的情感世界,甚至可以与异域文化进行交流和互动。这个部分强调的是观众的感知体验,通过多感官的刺激,激发观众的创造力和想象力。"未来灵感城"部分,通过数字建模技术,构建了一个充满未来感和科技感的城市景象。在这个"城市"中,观众可以看到未来科技的应用和创新,感受到未来社会的可能性和挑战。这个部分强调的是未来感和科技感,让观众通过视觉冲击和思考,激发创新思维和灵感。

总的来说,"灵境——未来灵感世界"展览是一个以数字技术为手段,通过显示、传感、虚拟引擎、人工智能等领先技术以探索未来灵感世界为目标,将艺术与科技相结合的现代艺术展览。它以极具创意和交互性的呈现形式创新打造了一个虚实融合的元宇宙空间,生动展现人类历史文明景观、万物多元的超大陆奇观以及引发观众无限想象的未来新世界,构建出充满生机、无限丰盈的灵感空间,让观众可以看到不同的历史时期、不同的生物和文化、不同的未来景象,从而激发他们的创造力和想象力,探索未来的可能性。

2. 灵眸——瞳趣视界

视觉健康艺术展"灵眸——瞳趣视界"是一个融合了视觉艺术、眼科学、视光学、脑科学、显示及人机交互等核心技术的创新展览。它旨在提高公众对视觉健康的认识和关注,同时通过艺术和科技的结合,为观众带来全新表现形式的科普教育和艺术体验。

"灵眸——瞳趣视界"展览以视觉艺术为主线,通过展示不同类型的视觉艺术作品,如绘画、摄影、雕塑等,引导观众从不同的角度欣赏和理解视觉艺术。同时,展览还结合了眼科学和视光学等医学领域的知识,通过对眼睛的结构和功能、视觉疾病的预防和治疗等方面的介绍,让观众了解自己的眼睛健康状况,并掌握一些保护眼睛的常识和方法。在展览中,一些创新性的科技手段也被用来增强观众的体验感和互动性。例如,展览通过虚拟现实技术,为观众提供了一个身临其境的视觉体验,让观众可以看到自己眼睛内部的构造和运作过程。此外,展览还设置了一些互动装置,让观众可以通过自己的视觉感知和操作,探索视觉艺术的魅力和奥秘。

总的来说,"灵眸——瞳趣视界"展览是一个具有科技感和创新性的视觉健康艺术展览。它通过艺术与科技的结合,不仅提高了公众对视觉健康的认识和关注,也让观众在欣赏艺术的过程中了解和掌握了一些保护眼睛的知识和方法。同时,展览也为视觉艺术领域的发展和创新提供了一个新的思路和方向。

3. 画游千里江山——故宫沉浸艺术展

"画游千里江山——故宫沉浸艺术展"是一个具有创新性的艺术展览,它通过科技与文化的结合,为观众呈现了一幅青绿山水中的巨制杰构的沉浸式光影艺术体验。这个展览以故宫博物院传世国宝《千里江山图》为主题,运用高清数字投影技术,结合装置艺术与诗意乐韵,将这幅千古名画进行数字化转译、视化传达与场景化呈现。观众可以亲身体验到这幅青绿山水巅峰之作的魅力,实现"人在画中游"。

展览包含序厅、江山入画、梦回千年、画境万千、绘染千山、心相山水、历代山水、无限江山、宋潮有礼、吉象书院十大板块。在这些板块中,观众可以深入了解《千里江山图》的创作背景、艺术价值和社会影响,同时也可以通过科技手段,让这幅名画"动起来",实现人与画的互动和交流。在这里,观众可以亲身享受一场科技与艺术结合的跨时空之旅,置身"时光隧道"看"活"起来的史前岩画中的神秘图案,感受山水园林、古城新街,兼有四季之象、古今并存的姑苏城,穿越至千年前的《千里江山图》中畅游,当一次画中人,甚至能够突破三维空间在"未来灵感城"中体验独一无二的未来职业……

与传统博物馆展览不同,"画游千里江山——故宫沉浸艺术展"不仅展示了文物本身,还通过科技手段,让观众可以更加深入地了解和体验文物的内涵和价值。这种"科技+文化"的创新尝试,为文化遗产的保护和传承提供了新的思路和方法。作为一个融合了科技与文化的创新艺术展览,"画游千里江山——故宫沉浸艺术展"通过数字化转译、视觉化传达与场景化呈现的方式,让观众可以更加深入地了解和体验《千里江山图》的魅力,同时也为文化遗产的保护和传承提供了新的思路和方法。其围绕传世国宝级长卷《千里江山图》进行数字化演绎,用光影变幻生动演绎出绵延千里的青绿山水,为观众带来全场景的沉浸式互动体验,全方位呈现中华传统文化瑰宝的深厚底蕴。

二、文旅产业结构调整

中国人民大学教授、中国人民大学文化创意产业研究所所长金元浦表示:"数字技术在旅游管理、旅游产品开发、旅游营销与服务等各环节持续赋能,为文旅产业发展增添新动力和新机遇。"金元浦预计,或在未来25年内,场景时代即将到来。借助移动设备、大数据、社交媒体、定位系统等,文旅产业将被虚拟再造,迈向智慧化、数智化升级。

数字经济与文旅经济深度融合发展的重要契机是充分借助科技的力量,加快培育开发数字文旅新产品、新业态、新场景,让人们在旅游的快乐中感受文化的新魅力,在科技的加持中感受文旅的新活力。据统计,2023年暑期全国首批24家智慧旅游沉浸式体验新空间营收总额同比增长超200%,已经成为广大游客深度体验文旅融合的网红打卡地。作为推进智慧旅游融合创新发展的有益探索,这24家试点单位彰显出文旅融合所能迸发的产业发展新动能。

正如中国传媒大学文化发展研究院副院长卜希霆所言,数字技术正在深度融入时代的文化表达、艺术创作、文旅消费与情感共鸣,其应用前景日益广阔。通过实体物理空间与虚拟数字空间认知之间跨界融通,可以营造虚实共生的沉浸式博览体验路径,同时打破原有的展陈阈限,充分调动每个参观者个性化参与,参观者与数字文物"沉浸式互动",可以进一步增强参观者对展陈内容的体验、领会与沉浸感知。苏州湾数字艺术馆为进一步发挥创新优势,依靠优质平台吸引更多优质资源,开展丰富多彩的活动,以开放包容的姿态加强与其他地区艺术场馆的合作,不断获取新思路,深化文化链接,加强与科技的有效衔接,数字化立体式呈现文化的独特价值,推进文化产业高质量发展。

苏州湾数字艺术馆的文旅产业结构调整主要表现在以下几个方面:

1. 推动数字化升级:通过引入先进的数字技术,苏州湾数字艺术馆实现了展品的数字化呈现和互动体验,提升了观众的参观体验。这种数字化升级不仅使艺术馆更具吸引力,也为文旅产业注入了新的活力。

2. 跨界合作与创新:苏州湾数字艺术馆积极与其他产业进行跨界合作,如与科技、教育、设计等产业的融合,创造出更多元化的文旅产品。这种跨界合作打破了传统文旅产业的边界,为产业结构调整带来了新的可能性。

3. 文化创意产业发展:苏州湾数字艺术馆通过展出优秀的数字艺术作品,激发了文化创意产业的创新活力。同时,艺术馆还积极推广和销售与展品相关的文化创意产品,如艺术品复制品、设计衍生品等,进一步拉动了文旅产业链的发展。

4. 教育与科普功能拓展:苏州湾数字艺术馆注重教育与科普功能的拓展,通过开设科普讲座、工作坊等活动,提高公众对数字艺术和科技的认识与兴趣。这种教育科普活动不仅丰富了文旅产业的内容,也有助于培养未来的文旅消费群体。

总的来说,苏州湾数字艺术馆的文旅产业结构调整表现在数字化升级、跨界合作与创新、文化创意产业发展以及教育与科普功能拓展等多个方面。这些举措有助于提升文旅产业的整体竞争力,推动苏州湾地区的文化产业实现高质量发展。

三、精准把握市场需求

目前来说,博物馆陈列与科技的融合日益加深,科技已成为博物馆陈列的重要因子,利用科技平台,将大量关联信息存储备览,或制作成影像播放展映,

第六章　苏州湾数字艺术馆的沉浸式文旅体验

不啻为一种简约、高效的展示方法。在以往的博物馆发展中实物是博物馆陈列的基石，但由于受到客观因素制约，博物馆陈列存在较为严重的实物匮缺现象。在缺乏实物的情况下，展陈如何变得有内容、有内涵、有吸引力，创新科技的运用就显得十分重要。

苏州湾数字艺术馆运用 AR、VR、沉浸式空间等沉浸式体验技术讲述青铜、陶瓷等艺术媒介的发展史，让游客感受未来虚拟世界里的数字艺术，开放仅半年时间，吸引游客超 15 万人次，已成为江苏东太湖度假区吸引游客流量的一个新地标。这座位于苏州东太湖畔的全新艺术馆融合了领先的新型显示、传感、AI 算法等技术，以及数字文化物联网平台，实现艺术内容、展陈手段、场馆运营等全场景数字化创新，为观众打造了深度参与式数字文化体验场景，是一座集艺术展陈、科技体验、文化传承、科普教育于一体的大型数字艺术馆，成为数字中国蓝图中一颗璀璨的新星。

苏州湾数字艺术馆在精准把握市场需求方面采取了以下措施：

1. 深入调研和分析：苏州湾数字艺术馆通过市场调研和分析，了解观众的需求和偏好，以及文旅市场的趋势和变化。通过收集和分析这些数据，艺术馆能够更好地调整展览内容和策略，以满足市场需求。

2. 创新展览内容和形式：苏州湾数字艺术馆不断推出创新性的展览内容和形式，以满足不同观众群体的需求。例如：展览"灵境——未来灵感世界"以数字艺术为核心，结合虚拟现实、增强现实等技术，为观众带来沉浸式的艺术体验。这种新颖的展览形式吸引了大量观众的关注和参与。

3. 强化互动和参与性：苏州湾数字艺术馆注重增强展览的互动性和参与性，为观众提供多样化的体验方式。例如：在"灵眸——瞳趣视界"展览中，观众可以借助眼动追踪技术，与数字艺术作品进行互动；在"画游千里江山——故宫沉浸艺术展"中，观众可以沉浸在巨幅数字山水长卷中，感受人与自然的和谐共生。这些互动性和参与性强的展览项目吸引了更多年轻游客和家庭观众的参与。

4. 拓展多元化收入来源：苏州湾数字艺术馆不仅依靠门票收入，还积极拓展多元化的收入来源。例如，艺术馆开设了文化创意产品销售区，举办讲座和活动等，以满足观众的不同需求。这些额外的收入来源不仅增加了艺术馆的收入，也为观众提供了更丰富的文化体验。

苏州湾数字艺术馆通过深入调研和分析市场需求、创新展览内容和形式、强化互动和参与性以及拓展多元化收入来源等措施，精准把握市场需求，为观众带来更优质的文化体验。随着时代快速发展，博物馆陈列正逐渐从依赖实物转向依赖科技,这为博物馆呈现更加丰富、生动的展览提供了新的可能性。尽管实物在陈列中的地位不可替代,但科技的运用无疑将为博物馆带来了全新的活力和创意。通过数字化技术和多媒体手段,博物馆得以突破实物匮缺的限制,将珍贵的文物和历史故事以更具吸引力和沉浸感的方式呈现给观众,使得观展者能够以更加深入、全面的方式了解历史与文化。因此,科技与实物共同构建了一个更加丰富多彩的博物馆体验,为文化传承和历史教育注入了新的活力。

第二节 苏州湾数字艺术馆的数智技术应用

苏州湾数字艺术馆以其创新的数字艺术展览而著名。通过全息投影和环绕音响等技术,让观众仿佛置身于一幅幅美丽的画作之中,极大地丰富了观众的视觉和听觉体验。苏州湾数字艺术馆作为全场景的数字化标杆,其特色包括但不局限体现在数字化的艺术内容、数字化的展陈方式以及数字化的场馆运营等多个方面。

苏州湾数字艺术馆突破了传统展览的范式,不仅建立了一个全新的文化空间,而且构建了数字化的文化叙事载体和传播媒介,给观众带来优质的数字文化体验,让人过足科技瘾、文化瘾。苏州湾数字艺术馆内容丰富、场景别致、效果震撼,场馆不断优化场景布置,进而增强受众的体验感;不断丰富各展厅内容,延长受众体验时长,增强受众的参与感;同时,结合本地特色文化资源,提升场馆质感,增强受众的归属感。

一、创新性展览平台

数字展陈是数字艺术展览的核心支撑之一。苏州湾数字艺术馆的数字多媒体技术与数字文化内容平台,通过 BOE 画屏、百变屏、超级展厅等一系列数字展陈产品,将新型显示、传感、VR/AR/XR、AI 算法等前沿技术与艺术品充分融合,为观众带来了独特的全场景沉浸式体验,同时也让传统文化艺术焕发出了全新生机。

科技改变生活,处于时代漩涡中的我们面临的是一场全球化革命,而艺术的表达方式也在不断进步,"数字艺术"正是"科技"与"艺术"相结合的一个新的创作形式。数字艺术即计算机艺术,是基于计算机生成为主的艺术形式,其核心是人机交互。计算机是一个思维载体,作为它而存在于艺术创作过程中,人与计算机是协同合作关系。可以说,数字艺术让传统艺术更好地普及了,有了科技,艺术会插上翅膀飞得更远。苏州湾数字艺术馆在讲好过去、现在和未来故事的同时,也生动树立了数字艺术的标杆。也许在未来,了解一座城不用再走街串巷,数字艺术就一种新的游览方式。观众唯一需要做的,就是沉浸式的体验加上天马行空的想象力。

1. 数字平台构建

腾讯文旅作为数字化技术方面的合作伙伴之一,为苏州湾数字艺术馆建设了完善的线上平台,包括官网、小程序、综合管理平台、云服务平台等,助力运营方全面提升游客体验与展馆运营效能。具体来看,腾讯文旅打造的线上平台为游客提供了从行前规划到游玩的全程优质服务体验,游客可更方便快捷地通过"苏州湾数字艺术馆"官网和小程序获取详细的购票预约、场馆信息、展览攻略、公教活动等内容,在馆内通过服务终端获取优质的游览引导。

同时,通过大数据和人工智能等技术,线上综合管理平台也为场馆的运营提供技术支持,以票务系统为核心,并通过财务管理系统、设备管理系统、数据管理系统等方面联合实现数据管理一体化,管理人员可通过数据可视化分析平台随时随地查看并决策数据内容,并可创作移动端和PC端数据简报、数据大屏,为场馆日常精细化运营提供更加高效的管理工具。

2. 创新成果展示

苏州湾数字艺术馆推出"灵境——未来灵感世界""灵眸——瞳趣视界""画游千里江山——故宫沉浸艺术展"三个展览。"灵境——未来灵感世界"以极具创意和交互性的呈现形式创新打造了一个虚实融合的元宇宙空间,生动展现人类历史文明景观、万物多元的超大陆奇观,以及引发观众无限想象的未来新世界,构建出充满生机、无限丰盈的灵感空间。

"灵境——未来灵感世界"是苏州湾数字艺术馆推出的常设大展。该馆是一座全数字化的艺术馆,馆里虽没有一件实体艺术品或文物,却能通过数字化形式展示人类艺术珍品,并为数字艺术家们创作的数字艺术品提供展览窗口。在此,人们可以一窥未来艺术馆的样貌。"灵境——未来灵感世界"由"时空穿梭机""多感知星球""未来灵感城"三个板块组成,分别对应过去、现在和未来的时间线索,在维度上,它们指向二维空间、三维空间和高维空间的空间线索。

"时空穿梭机"以时间为线索追溯历史中艺术媒介的流变,"多感知星球"展现当下极具实验性的新媒体艺术家的探索,"未来灵感城"则是对创造艺术以及未来艺术发展方向的畅想。每一件作品都是一部微缩历史,带领游客从中领略从古至今最伟大的人类文明发展与"审美灵境"。"时空穿梭机"用艺术与技术的变迁做纽带,充分运用了传感器、光学与屏幕、立体声、虚拟引擎等技术手段,打造了一个由人文历史与艺术创想构建出来的虚实融合空间。从史前壁画到陶器青铜,从简牍文字到绢纸画布……观众可从跨越时空的上帝视角,沉浸式领略近千年来人类在发展进程中的媒介变化与艺术发展。展项"时间机器"是由一个日晷装置、底纹符号和一段关于时光穿梭的沉浸式影像组成。整体视觉以中国观星图中的"圆"为基础,触发装置由中国古代时钟日晷的图案制成的千层镜以及触发柱组成,地面布满古代星象符号,以及西东北南四个神兽坐镇:左青龙、右白虎、上朱雀、下玄武。数字影像被星座符号到中国的传统文化符号的变化和演绎串联起来,所有符号在圆形结构中流动闪烁,营造一种东方美学与科幻美学的冲突与融合的美。在一个全数字化的空间里,观众可以穿越到石器时代,欣赏从史前壁画到当代艺术的万年人类艺术史,可以借助 AR 技术,置身于苏州退思园的经典场景中,可以穿过"虫洞",体验成为未来园艺师、智能绘画家或机械舞蹈家的一天……

"灵眸——瞳趣视界"融合视觉艺术、眼科学、视光学、脑科学、显示及人机交互等技术,打造出极具科技感的眼健康科普体验空间。作为多感知星球空间的最后一站,"感知苏州"板块全维升级,在这里,古今姑苏的山水园林、民间风物、四季美景都以虚拟与现实融合的方式展现出无限新可能。亮点之一是苏州特色元素"新成员","匠心苏作"飞屏升级,互动台上新增花灯、核雕等苏州本地特色元素,游客可以点选飘浮的传统民间风物,解锁它们的工艺介绍,也可以通过裸眼 3D 屏幕细致探索处处精妙的设计巧思。亮点之二是虚拟数字人"游园林","退思艺游"新加入虚拟数字人形象,游客可借助 AR 技术,感受"一秒入画"的数字式园林漫游。跨越时间、空间,随机生成的园林场景更给这个空间增添了神秘、灵动的趣味。

"画游千里江山——故宫沉浸艺术展"中的《千里江山图》是北宋王希孟的绢本设色画,主要取景地是江西庐山和鄱阳湖,真迹收藏于故宫博物院,每次展出后,都要回库房"休眠"三年再展,所以面世很少。如今,它被数字化技术 1∶1 比例高清复刻,演绎出生动真实的青绿山水,营造出一种"志在山水间,人在画中游"之感。馆内还有很多有趣的互动体验。其中有一个设计叫做"气味记忆",用人脸识别分析游客的面部表情及其当下的心理状态,再喷出对应的香型。场馆依托 H.629.1 数字艺术显示国际标准产业联盟,以推动科技与文化融合发展为使命,面向大众提供内容丰富、体验极佳的数字艺术展览,聚焦数字文化产业,构建高频联动的跨学科创新交流平台,打造长三角一体化示范区数字文化高地,带动区域文化产业高质量发展,利用文化特色打造文旅项目。

3. 算法技术革新

整座苏州湾数字艺术馆由京东方科技集团股份有限公司(BOE)旗下的京东方艺云设计、建设及运营。馆内实现了全场景的数字化,可以从科技领先、内容丰富、体验极佳、功能多元这几个角度定位苏州湾数字艺术馆。

苏州湾数字艺术馆深度应用数字化技术,对艺术馆和博物馆等空间中的知识信息呈现方式进行了革新,打破了传统文博场馆的时空界限。作为全数字化的艺术馆,苏州湾数字艺术馆通过数字化形式展示人类艺术珍品,为数字艺术家的创作提供展览窗口,并为广大游客带来更好的沉浸式、参与式体验。针对某一个展品,观众可以通过扫码进入小程序浏览和进行交互体验,更深层次地感受展品魅力。例如,互动艺术作品"退思艺游"借助 AR 实时捕捉抠像技术将大家置身于苏州吴江名园退思园的经典场景中,营造一种"一秒入画"的感觉。观众移动脚步时虚拟场景中的园林也同步跟随移动。在随机生成的不同园林场景中,观众可以体验夏日枝繁叶茂与冬日白雪纷飞的园林景观,从不同维度感知苏式的闲情志趣与风雅浪漫,唤醒记忆中的山水苏州与园林苏州。

在以算法为基础建构而成的未来世界中,土壤、空气、水分等自然元素都拥有自己的数据形态,万物互联赋予植物不同生长模式和形态的数字通道。在这里,园艺师们用想象力和审美力创造未来的神奇植物,科技力的注入让其能够演算出植物的最佳进化模型,为丰富未来植物的多样性贡献灵感值。观众可以点击"开始制作",根据屏幕上的提示拉动拉杆等选项去创作个性化的植物模型。模型完成后,可以对花朵进行实时赋色处理和纹理绘画。完成之后,观众可以通过扫描屏幕上的二维码来保存专属的数字虚拟植物。

苏州湾数字艺术馆除了提供数字艺术展览之外,也是 H.629.1 数字艺术显示国际标准产业联盟基地、科技与文化融合创新成果展示中心以及青少年美育科普体验基地,以多元的功能发挥多样化的社会价值。

二、科技与艺术的结合

苏州湾数字艺术馆一直致力于将科技与艺术完美结合,为观众带来前所未有的沉浸式体验。为了实现这一目标,该馆积极引入人工智能、大数据、虚拟现实等先进技术,通过深度学习和自然语言处理等技术,巧妙地将这些技术融入到展览和活动中,从而能够为观众提供更加智能和个性化的服务。

1. AI绘画工作坊

"AI绘画工作坊"是苏州湾数字艺术馆的招牌活动之一。在这个工作坊中,观众可以亲自体验到人工智能如何创作出独特的艺术作品。利用深度学习和生成对抗网络(GAN)等技术,AI能够根据给定的主题或描述,生成具有极高艺术价值的画作。观众可以参与其中,与AI共同创作,感受科技与艺术的碰撞。

在AI绘画工作坊中,观众可以通过以下方式参与其中,与AI共同创作:

一是进行主题选择。即观众可以选择一个自己喜欢的主题,例如风景、人物、动物等,然后AI会根据这个主题生成相应的画作。选择主题可以让观众有更多的控制权和参与感,同时也能激发他们的创造力和想象力。通过选择主题,观众可以更好地表达自己的想法和创意,并与AI生成的艺术作品进行更紧密的结合。

二是调整参数。即在AI生成画作之后,观众可以通过调整一些参数,例如色彩、线条、纹理等,来与AI共同创作。这些参数可以影响画作的最终效果,让观众能够更深入地参与其中。具体而言,调整的参数包括:色彩调整,观众可以选择不同的颜色方案,例如暖色调、冷色调、黑白调等,来改变画作的色彩风格,他们还可以对画作的色彩进行微调,例如调整饱和度、明度、对比度等,以达到更细腻的效果;线条调整,观众可以改变线条的粗细、形状和风格,例如直线、曲线、虚线等,这些调整可以影响画作的视觉效果和情感表达;纹理调整,观众可以添加不同的纹理效果,例如平滑、粗糙、颗粒等,来增加画作的质感和立体感;样式调整,观众可以选择不同的艺术风格,例如写实、抽象、卡通等,来改变画作的表现形式和艺术风格。

三是互动反馈。在AI绘画工作坊中,观众还可以通过互动反馈来与AI共同创作。例如,观众可以在画作上添加自己的创意和想法,然后AI会根据这些创意和想法生成新的画作,这种互动反馈可以让观众与AI进行更深入的交流和合作。观众可以在画作上添加自己的创意和想法,例如在画作中增加特定的元素或改变某些细节,AI会根据这些创意和想法生成新的画作,让观众能够看到自己的创意在画作中的呈现。观众可以通过注释或涂鸦来与AI进行交流和指导,例如,观众可以在画作上写下自己的想法或对某些部分进行标注,

AI 会根据这些指导调整画作的细节或整体风格。观众还可以通过选择不同的反馈选项来影响 AI 的创作,例如,观众可以选择"更平滑的线条"或"增加细节"等选项,来让 AI 生成更符合自己期望的画作。

这些互动反馈可以让观众与 AI 进行更紧密的互动和合作,共同创作出更具个性和独特性的艺术作品。同时,这种互动方式也增加了观众的参与感和体验感,让他们能够更深入地了解和欣赏数字艺术。

2. 虚拟现实山水画展

虚拟现实山水画展是另一个将传统艺术与现代科技完美融合的活动。通过虚拟现实技术,观众可以身临其境般欣赏中国传统的山水画。这种技术打破了时间和空间的限制,让观众能够深入画中的每一个细节,感受中国传统文化的独特魅力。

观众可以通过虚拟现实技术,以第一人称的角度在画中行走、探索和漫游。他们可以自由地行走在画中,欣赏美丽的景色、聆听自然的声音、感受轻柔的风吹过脸颊,更加深入地了解和体验画中的每一个细节和氛围。观众还可以找到一些隐藏的元素或任务,例如寻找特定的物品、解锁隐藏的场景等,从而更加深入地了解画中的故事和情节。

虚拟现实技术还可以为山水画展提供动态效果,例如,在画中划船、放风筝等,观众可以通过虚拟现实技术感受到这些动态效果,从而更加真实地体验画中的场景和情感。虚拟现实技术可以呈现多角度的展示效果,观众可以从不同的角度欣赏画作,例如从高空中俯视、从水底角度看等,这些不同的视角可以让观众更加全面地了解画作的构图、色彩和细节。

在虚拟现实山水画展中,观众还可以与其他观众进行社交互动。例如,可以邀请其他观众一起在画中漫游、交流心得和体验等。这些社交互动可以增加观众之间的联系和交流,同时也可以提高展览的趣味性和互动性。

总而言之,虚拟现实山水画展是将传统艺术与现代科技完美融合的一种展示方式。通过虚拟现实技术,观众可以更加深入地了解和体验中国传统山水画的独特魅力,感受中国传统文化的博大精深。同时,这种展览方式也提供了更多的展示和互动体验,增加了观众的参与感和体验感。

3. 数字艺术互动体验

苏州湾数字艺术馆还设置了多个数字艺术互动体验区。在这些区域中,观众可以直接与数字艺术作品互动,例如通过手势识别改变画作的颜色和形状,或者在立体投影中感受艺术的立体效果。这些互动体验不仅增加了观众的参与感,也让他们能够更深入地理解和欣赏数字艺术。苏州湾数字艺术馆的数字艺术互动体验区主要有以下五大区域。

1. 互动墙:互动墙是一种基于触摸屏技术的互动展示系统,观众可以通过手势或触摸来与展示内容进行互动。在苏州湾数字艺术馆的互动墙中,观众可以欣赏数字艺术作品、操作艺术元素、玩转互动游戏等,感受数字艺术的独特魅力。

2. 虚拟现实(VR)体验区:苏州湾数字艺术馆设置了多个 VR 体验区,观众可以佩戴虚拟现实设备,沉浸在数字艺术的世界中。通过 VR 技术,观众可以感受到更加真实的艺术体验,例如进入一个虚拟的美术馆、探索数字雕塑等。

3. 增强现实(AR)体验区:增强现实技术可以将虚拟元素与现实场景相结合,为观众呈现更加丰富的视觉效果。在苏州湾数字艺术馆的 AR 体验区中,观众可以通过手机或平板电脑的摄像头,看到数字艺术元素与现实场景的融合,例如在墙上展示动态图像、在空气中显示虚拟物体等。

4. 艺术游戏区:苏州湾数字艺术馆还设置了多个艺术游戏区,让观众通过游戏的方式了解和体验数字艺术。例如,观众可以通过游戏探索数字绘画的技巧、尝试创作自己的数字艺术品等。

5. 多媒体互动区:多媒体互动区是一种结合了声音、图像和交互技术的展示系统,可以让观众与展示内容进行互动。在苏州湾数字艺术馆的多媒体互动区中,观众可以欣赏数字音乐、观看数字电影等,同时也可以通过手势或语音与展示内容进行互动。

通过这些科技与艺术结合的活动,苏州湾数字艺术馆不仅为观众提供了独特的文化体验,也在推动科技与艺术的融合方面做出了积极的尝试和探索。这种融合不仅丰富了观众的文化生活,也进一步推动了苏州文旅产业的创新和发展。

第三节 苏州湾数字艺术馆的影响与展望

苏州湾数字艺术馆自开馆以来,已经在数字艺术领域产生了广泛的影响,它不仅为苏州湾地区的文化发展提供了新的动力,也为中国数字艺术产业的繁荣做出了贡献,乃至为全球的文化、科技、教育、旅游等领域都带来了积极的影响。

第六章　苏州湾数字艺术馆的沉浸式文旅体验

一、数智赋能苏州文旅体验的效益和影响

首先,打通了文化科技融合的"最后一公里",展示了文化科技融合的无限可能。文化是科技创新的土壤,科技是文化发展的杠杆。党的二十大报告提出"实施国家文化数字化战略"。2022年5月,中共中央办公厅、国务院办公厅印发了《关于推进实施文化数字化战略的意见》,正式开启我国文化数字化建设的新篇章。文化科技融交会积极响应政策指导,以推动文化数字化转型为主攻方向,加快发展新型文化企业、文化业态、文化消费模式,赋能文化产业高质量发展。苏州湾数字艺术馆通过展示各类数字艺术作品,推广了科技与文化的融合创新。它将数字艺术与科技相结合,打破了传统艺术的展示方式,为观众提供了更加丰富、生动的艺术体验。这种融合不仅增强了艺术的视觉效果,还拓展了艺术的互动性和感知维度,让观众能够更加深入地了解和欣赏数字艺术。通过先进的科技手段,将传统文化和现代艺术相结合,为观众呈现了一个独特的艺术空间,让文化数字化成果被更多人可知可观可感可体验。在这里,观众可以深入了解苏州湾的历史和文化,感受其深厚的文化底蕴。

其次,数字化战略为苏州湾地区的旅游业注入了新的活力。作为苏州湾的又一张文化名片,它集合了数字艺术展览、演出、科技创新、文化交流等多种功能,为游客们提供了一个全新的文化体验场所。该数字艺术馆的设计独具匠心,建筑风格现代而富有艺术气息,使得游客们可以在一个充满创意和科技感的环境中欣赏数字艺术作品。同时,这里还经常举办各类文化活动,如音乐会、艺术讲座、科技展示等,吸引了众多游客前来参与。除了数字艺术展览和文化活动,该数字艺术馆还注重科技创新,设有多个科技体验区,让游客们可以亲身感受科技的魅力。在这里,游客们可以尝试各种互动游戏和科技体验项目,如虚拟现实、增强现实等,从而更好地了解科技的发展和应用。苏州湾数字艺术馆的建立不仅为苏州湾地区的旅游业增添了新的亮点,也为区域经济的发展注入了新的动力。随着游客数量的不断增加,周边的餐饮、住宿、购物等产业也得到了极大的促进。同时,数字艺术馆的建设也推动了文化产业的繁荣发展,为苏州湾地区的经济带来了更多的商机和机遇。

再次,数智技术的应用正在不断拓宽和深化,进一步夯实了文化产业版图。在这个过程中,苏州湾数字艺术馆扮演着重要的角色。苏州湾数字艺术馆是H.629.1数字艺术显示国际标准产业联盟基地,也是科技与文化融合创新成果展示中心。苏州湾数字艺术馆凭借其先进的数字显示技术和丰富的文化展

览内容,吸引了大量创新企业和研发机构的入驻。这些企业和机构在数字艺术、文化创意、科技创新等领域有着深厚的积累和丰富的经验,为数字文化产业的发展注入了强大的推动力。这些创新企业和研发机构在苏州湾数字艺术馆的平台上,不仅展示了他们的最新技术和产品,还通过与艺术、文化、科技等领域的深度融合,实现了创新成果的转化和应用。这种融合不仅丰富了文化产业的内涵,也拓展了科技产业的外延,为苏州湾地区的经济社会发展带来了新的机遇和空间。同时,苏州湾数字艺术馆作为数字文化产业的重要载体,还积极推动国际交流与合作。它不仅吸引了国内外的专业人士和游客前来参观和交流,还通过与数字艺术显示国际标准产业联盟的合作,推动了数字艺术产业的国际化和标准化发展。这种合作和交流为苏州湾地区的文化产业提供了更广阔的发展视野和更丰富的资源渠道。

最后,数字技术助力下的艺术教育正在改变单一的知识传授方式和功能,朝着如何培养受教育者领悟知识、研究问题的综合能力方向探索。由于数字技术本身所拥有的强大功能,几乎所有艺术专业都可以通过数字技术实现艺术手段表现去体现教学的内容。这样既能提高教学的效率,又能加深学生对数字艺术的认识,使现代艺术教育发生由量到质的变化。苏州湾数字艺术馆是青少年美育科普体验基地,该馆致力于为青少年提供丰富的美育科普体验,通过数字艺术展览、互动体验、讲座和活动等形式,培养青少年的审美能力、创新思维和科学素养。在苏州湾数字艺术馆的展览中,青少年可以欣赏到各种形式的数字艺术作品,包括数字绘画、数字雕塑、数字影像等。同时,他们还可以通过互动体验,亲身感受数字艺术的魅力,例如使用虚拟现实技术进行创作和展示,或者通过增强现实技术将数字艺术与现实世界相结合。此外,苏州湾数字艺术馆还定期举办科普讲座和活动,邀请专家学者为青少年讲解科学原理、艺术创作和文化传承等方面的知识。这些活动旨在拓宽青少年的知识视野,激发他们的求知欲和创新精神。作为青少年美育科普体验基地,苏州湾数字艺术馆为学校和家庭提供了良好的美育教育和科普实践平台。在这里,青少年可以亲身体验艺术的魅力,学习科学知识,提高自己的综合素质。

二、数智赋能苏州文旅体验的未来展望

展望未来,随着科技的不断发展,数字艺术将会更加深入人心。苏州湾数字艺术馆作为这一领域的佼佼者,将继续发挥其引领作用,推动数字艺术的进一步发展。同时,它也将不断探索新的展示和互动方式,为观众带来更加丰富、

第六章　苏州湾数字艺术馆的沉浸式文旅体验

生动的艺术体验。此外,苏州湾数字艺术馆还将进一步发挥其社会价值,通过开展青少年美育科普体验等活动,培养更多的数字艺术人才,为数字艺术产业的繁荣做出更大的贡献。

一是数字化技术为旅游体验的提升提供了无限可能。苏州的文旅行业通过运用虚拟现实和增强现实技术,为游客打造了一种全新的历史和文化体验,让他们能够深入古代苏州的历史长河,感受传统艺术的魅力。在数字艺术馆中,游客可以欣赏到传统艺术与现代科技的完美结合,这种结合赋予了艺术新的生命力,也让科技变得更加触手可及。数字艺术馆通过先进的互动技术和创新的展览方式,为游客提供了深入了解和体验艺术的平台,使艺术不再是高高在上的存在,而是成为人们触手可及的日常。同时,大数据分析和人工智能技术的应用也为文旅行业提供了更个性化的服务。通过对游客的行为和兴趣进行分析,文旅行业可以精准地为他们提供符合其需求的服务和活动,从而提升游客的满意度和体验感。此外,数字化技术也为文旅行业的创新和发展提供了新的机遇。通过互联网、移动支付等技术,文旅行业可以拓展新的业务领域,提供更为便捷和多样化的服务。例如,通过线上平台和移动应用,游客可以方便地进行门票预订、住宿安排和旅游路线规划等操作,大大提高了旅游的便利性和效率。故而,数字化技术对于提升游客体验、推动文旅行业的创新和发展都具有重要的意义。通过运用先进的技术手段,苏州的文旅行业可以为游客提供更为丰富、生动的旅游体验,满足不同游客的需求,推动苏州旅游业的发展。

二是数字化技术对于保护和传承文化遗产有着独特优势。首先,数字化技术在文物的保护和修复方面具有显著的优势。通过高精度的扫描和数字建模等技术,可以完整地记录文物的细节和形态,为文物的保护和修复提供准确的数据支持。同时,数字化技术还可以对文物进行虚拟修复,通过模拟和预测来修复文物的原貌,为文物的保护和修复提供了新的思路和方法。其次,数字化技术可以通过数据记录和模拟,让人们能了解和欣赏到苏州湾的历史文化。通过数字艺术衍生品、创意家居用品等文化创意产品的开发,可以将苏州湾的文化元素与现代设计相结合,既传承了传统文化,又赋予了其新的生命力。这些文化创意产品不仅可以满足现代人的审美需求和生活需求,也可以将苏州湾的历史文化传承下去,让后人了解和欣赏到该地区的文化遗产。此外,数字化技术还可以促进苏州湾地区文化产业的创新和发展。通过数字化技术的运用,可以开发出更多具有创意和特色的文化产品,推动文化产业与科技产业的深度融合和创新发展。同时,数字化技术也可以提高文化产业的效率和质量,为苏州湾地区的经济社会发展注入新的动力。

三是文旅融合的数字化可以推动产业创新发掘新的商业模式。在数字经济时代下,越来越多的行业和企业将数据视为核心资源、资产和财富。对于文旅行业来说,数据不仅可以用来提升运营效率,还可以用来开发新的商业模式和增长点。首先,通过分析游客的行为和偏好数据,文旅企业可以更准确地了解市场需求和趋势,从而开发出更符合游客需求的产品和服务。这种以数据为驱动的个性化服务不仅可以提高游客的满意度,还可以帮助文旅企业拓展新的市场空间,提高竞争力和盈利能力。其次,数据还可以为文旅企业提供更深入的商业洞察。通过对游客的消费行为、购买偏好、旅游路线等数据进行挖掘和分析,文旅企业可以发现新的商业机会和增长点,进而开发出新的旅游产品和服务。例如,通过分析游客的消费数据,文旅企业可以开发出更符合游客口味和预算的美食、特色商品等,提高游客的消费体验和满意度。此外,数据还可以帮助文旅企业优化资源配置和运营决策。通过对游客流量、景区环境、住宿预订等数据进行实时监测和分析,文旅企业可以及时调整和优化运营策略,提高资源利用效率和盈利能力。同时,数据还可以帮助文旅企业预测未来的市场趋势和风险,为企业的战略规划和决策提供有力的支持。故而,数据在推动文旅产业创新方面具有重要的作用。

四是数字化技术对于加强区域合作与交流起到了重要的作用。数字化技术可以打破地域限制,推动苏州与国内外的文旅行业进行合作与交流。通过在线展览、虚拟旅游、视频会议等方式,苏州可以向世界展示自己的文旅资源和产品,让更多的人了解和欣赏到苏州的丰富历史文化和自然景观。同时,这些数字化平台也为苏州与国内外的文旅行业进行合作提供了新的机遇。苏州可以通过在线合作、联合推广等方式,与国内外的文旅行业展开合作,共同开发旅游产品和服务,实现资源共享和优势互补。此外,数字化技术还可以帮助苏州引进国内外的优秀文旅资源和服务。通过数字化平台,苏州可以引进国内外优秀的旅游管理人才、服务标准和运营模式等,提升苏州的文旅品质和竞争力。同时,数字化技术还可以促进苏州与国内外的文旅行业进行经验交流和学术研究。通过数字化平台和网络,苏州可以与国内外的文旅专家、学者和企业进行实时沟通和交流,分享经验和研究成果,共同探讨文旅行业的发展趋势和创新方向。这种合作与交流不仅可以拓宽苏州的视野和思路,还可以为苏州的文旅行业发展提供更多的智慧支持和资源共享,从而促进苏州与国内外的文旅行业进行技术交流和创新合作,推动苏州的文旅产业向更高水平发展。

五是促进可持续发展。数字化技术对于促进文旅行业的可持续发展具有积极的意义。首先,数字化技术可以帮助文旅行业实现资源的优化配置。通过数据分析和预测,文旅企业可以更准确地了解市场需求和趋势,从而合理配置资源,避免资源的浪费。此外,数字化技术还可以帮助文旅企业实现供应链的优化,降低采购成本,提高运营效率。其次,数字化技术可以提高文旅行业的运营效率。通过智能化的能源管理系统,文旅企业可以实时监测能源的消耗和碳排放,采取相应的措施减少能源的使用和碳排放,实现节能减排。此外,数字化技术还可以帮助文旅企业实现流程的自动化和智能化,提高工作效率和服务质量。再次,数字化技术可以降低文旅行业对环境的影响。通过智能化的导览系统,游客可以更好地了解和欣赏自然和人文景观,提升旅游的体验和满意度。同时,数字化技术还可以帮助文旅企业实现垃圾分类、资源回收等环保措施,促进环境的保护和可持续发展。综上所述,数字化技术对于促进文旅行业的可持续发展具有积极的意义。

在数字化转型的过程中,苏州还需要积极应对可能出现的技术、安全和隐私问题,确保数字化转型能够在保障游客权益和行业安全的前提下顺利进行。首先,技术挑战是数字化转型过程中不可避免的问题。随着数字化技术的不断更新和发展,需要保持技术的先进性和适应性,以确保文旅体验的升级和发展能够顺利进行。同时,还需要加强技术的研发和创新,以满足文旅行业的不断变化和升级的需求。其次,安全问题也是数字化转型过程中需要关注的重要方面。随着数字化技术的普及和应用,文旅行业涉及的大量数据和信息需要得到有效的保护和保密,需要加强网络安全和数据保护措施,确保游客的信息安全和隐私权益得到保障。最后,隐私问题是数字化转型过程中最敏感的问题之一。在文旅行业中,游客的行踪、消费习惯等个人信息都需要得到保护,需要加强对游客隐私信息的保护和管理,确保信息不被滥用和泄露。同时,政府、企业和相关机构也需要加强合作,共同推动数字化技术在文旅行业的推广和应用,为行业的可持续发展贡献力量。

第七章

无锡拈花湾的数智赋能夜间智慧旅游

夜间的读书、休闲和消费活动古已有之，而正式导入夜间旅游、夜间经济的概念，并形成市场和政府共同推动的实践热点不过短短五年的时间。

2018年初，中国旅游研究院以《旅游内参》的形式向原国家旅游局党组提交了题为《释放夜间旅游新需求，培育都市旅游新动力》的专门报告。2019年3月，课题组公开发表了夜间旅游的专项数据和研究成果，明确宣布"夜间旅游正当时"。文化和旅游部主要领导在《旅游内参·特别报告》对夜间旅游专项成果做出肯定性指示，新华社、中央电视台、中央人民广播电台等主流媒体从不同角度对公开成果做了跟踪报道，引起各级党委和政府、旅游运营商、灯光照明工程商和社会各界的广泛关注。2019年11月，中国旅游研究院联合芜湖市人民政府、名家汇科技股份有限公司召开首届夜间经济论坛，形成了"以文化权益和旅游权利为中心，推进夜间经济高质量发展"的广泛共识，推出一批有示范意义和推广价值的城市、企业、场景和项目案例。2020年10月，中国旅游研究院联合无锡市人民政府和良业科技召开第二届夜间经济论坛，从经济社会发展的角度对夜间文化、艺术旅游、餐饮、购物等休闲活动进行更加深入的研讨，确立了"文化引领夜间经济，主客共享美好生活"的发展导向。再次推出的标杆城市、企业和项目案例引起了更加广泛的社会反响。

自那时起，各级政府加速出台夜间经济的促进政策，加快创建夜间文化和旅游消费集聚区建设。243个国家级夜间文化和旅游消费集聚区，如北京的前门大街、亮马河国际风情水岸，太原市钟楼步行街，为广大游客和市民感受城市氛围、共享夜间美好生活提供了生动的场景依托，也是城市漫游（City Walk）的热门打卡地。更多的中心城镇和重点旅游村，如宁夏的贺兰山·漫葡小镇、安徽的宏村、无锡拈花湾，在拓展市民和游客消费空间的同时，也有利于缩小城乡差距，让更多的小镇青年在家门口感受和体验现代文明。这是旅游业对经济增长的贡献，也是对社会发展的担当。2021年11月5日，拈花湾被文化和旅游部确定为第一批国家级夜间文化和旅游消费集聚区。

第一节　拈花湾夜间智慧旅游发展现状

一、拈花湾基本情况

拈花湾景区位于无锡市马山太湖国家风景名胜区的山水之间，这里向来有

"净空、净土、净水"之称,生态秀美,环境优越。其地理位置优越,背靠长三角大都市圈,交通发达,面向太湖,风景优美,又毗邻灵山大佛、灵山胜境,佛教文化底蕴深厚,还是世界佛教论坛永久会址配套工程,属于长三角独具禅意文化的文旅综合体。拈花湾的命名,一方面源于佛经中"佛祖拈花,伽叶微笑"的典故,同时也缘于它所在的地块形似五叶莲花的神奇山水,可以说是得尽天地人文灵气。

拈花湾占地106.67公顷,建筑面积约35万平方米,于2015年11月14日开放。拈花湾功能定位为灵山佛教博览园的配套工程,主要为景区提供休闲养生服务,同时小镇还是世界佛教论坛永久性会址。因此,在功能方面,项目规划了主题商业街区、生态湿地区、度假物业区、论坛会议中心区、高端禅修精品酒店区五大功能区。拈花湾通过三条主要交通道路和水系的布置,规划了"五谷""一街""一堂"的主体功能布局,并配以禅意的命名体系,形成以"五瓣佛莲"为原型的总平面。"五谷"分别为云门谷、竹溪谷、银杏谷、禅心谷、鹿鸣谷,形似五瓣花瓣。云门谷是项目的游客中心、停车场、交通换乘枢纽,是项目唯一的入口。竹溪谷、银杏谷是项目中的禅居区。其中竹溪谷为独栋酒店式公寓。银杏谷位于项目中部,是当年周边自然村落的中心,保留了一些当地的历史遗存。禅心谷是世界佛教论坛的永久会址,主要布局有会议中心及专属宾馆等建筑群。鹿鸣谷建设有高端禅文化艺术私人会所。"一街"即香月花街,位于"花心",是拈花湾的核心商业街区,起到连接"五谷"的作用。总建筑面积15.5万平方米,可供出租面积1.8万平方米,入住率96%。业态包含餐饮、娱乐、休闲服务及酒吧。品类则有茶馆、花店、佛教展示厅等,均提供类似于茶道、花道、抄经等体验项目。街道上有13家禅主题客栈,建筑风格不尽相同。"一堂"即胥山大禅堂,特邀日本隈研吾大师操刀创作设计,是一座可以容纳千人同时参禅的"色空奇观"大禅堂,也是拈花湾的大型景区标志物。

自2015年11月开园以来,拈花湾景区紧紧抓住"夜经济"作为产品亮点,围绕夜间演艺、特色住宿、娱乐体验等推出了多种形式的夜间旅游产品。其核心夜游产品"禅行",经过四年多的运行和三次迭代升级,特别是在新景点微笑广场投入运营后,集观赏、互动、体验、巡游于一体,以行进式的独特观演方式呈现出一场文化盛宴,使游客既是鉴赏者,又是体验者,更是共同完成一件禅意作品的参与者,为广大游客带来了全新的360°浸润式的场景体验。

而在夜游体验方面,拈花湾不断探索形成了一系列常态化、特色化的禅文化体验活动,如欢喜抄经、静雅花道、同愿传灯等,使拈花湾的夜游体验更加层次化、立体化。同时,为了满足游客的消费升级需求,在文化购物、特色餐饮之外,拈花湾引入了融合文创、体验等玩法的消费形态,如又见山书社、弓守道体验馆、悦养生馆等,以创新消费场景引领夜间消费新时尚,不断提升游客在消费中的体验感。在特色住宿方面,拈花湾目前有27家主题客栈和1家高端酒店,是华东地区唯一一处禅文化IP住宿群。每家客栈都有一个禅意主题,每个主题都有一个禅意故事,形成了一脉相承又和而不同的文化脉络,这也成为拈花湾吸引游客"留下来"的一大因素。在立足传统文化挖掘的同时,拈花湾积极开展跨界合作。在近期与经典游戏IP"天涯明月刀"共同打造的"十城明月"活动中,拈花湾作为华东地区唯一取景地,将景区独特地标与游戏场景完美融合,尽显国风之美,助力品牌创意出圈。完善而又独特的夜间产品,奠定了拈花湾"夜经济"的基础。

基于交流传播禅文化、消除负面情绪的定位,无锡灵山集团打造的拈花湾沉浸式夜游禅意小镇专门针对佛教文化信奉群体、热爱观光旅游的退休长者、城市白领、亲子家庭,打造了AR主题表演"禅行"夜间经济、IP鹿樱樱衍生经济,很大程度上提高了拈花湾景区的竞争力,走出了一条著名的拈花湾景区智慧文旅转型之路,是文旅产业类发展效果显著的一个智慧文旅业态。景区目前由灵山集团旗下拈花湾文旅运营,并于2021年成立无锡拈花云科技服务有限公司(以下简称"拈花云科")负责景区智慧游园服务、线上线下一体化运营、数字化平台搭建等全产业链集成服务。从拈花湾景区的公开数据来看,2021年景区开发类业务签约13.43亿元(同比增长120%),优于同期全国平均数据,2022年拈花湾收入指标也顺利达成。目前拈花湾模式陆续在河南、山东等地得以复制。

二、针对目标消费群体,打造智慧文旅生态经济

鉴于拈花湾其优越的地理位置、深厚的佛教文化底蕴,通过研究发现,该景区的目标客群通常具有以下几个特点:一是客源地结构,主要来自长三角,占比超过50%。其他还有来自广东、珠海、福建等地方文化习俗丰富的地区。二是客群类型,主要为佛教文化信奉群体、亲子家庭、城市白领、热爱观光旅游的退休长者,收入水平均较为可观,消费水平较高。三是旅游目的,以观光游和商务游为主,其中商务游游客在淡季的拉动作用巨大,因此景区淡旺季的差距较小。

拈花湾景区过去核心利润是由商业地产业务产生,单一的商业模式难以为继。基于拈花湾小镇山水禅境、唐风宋韵的景观建筑和目标消费群体的需求,

景区开始谋求智慧化转型。

对于佛教文化信奉群体,诸多佛教文化旅游场所旅游开发方式单一、配套设施偏远的等不足均限制了其二次消费的可能性。对此,拈花湾文旅旗下运营管理公司、酒店管理公司、微笑旅行社公司以景区联票、跟团游、门票+酒店住宿团购的方式,协同灵山大佛、灵山胜境、灵山祥符禅寺等景点,就近引流游客夜间住宿,并多次消费。即灵山大佛、灵山胜境、灵山祥符禅寺带动白天经济,游客白天观光游玩、烧香祈福礼佛;拈花湾带动过夜经济,通过沉浸式灯光秀和文化演出,吸引游客祈福后夜游禅行,下榻住宿,打破过去游客"白天看庙,晚上回家"的窘境。根据官方数据,夜游小镇开园第一年门票收入为7 675万元,二次消费收入达到1.31亿元,在二消收入构成中,住宿收入占比98%。开园五年,不靠门票,年收入就达到6亿元,住宿收入占比仍维持在95%左右。

而针对佛教文化信奉群体的二次消费远不止住宿餐饮。拈花湾文旅旗下拈花云科与景观设计公司推出沉浸式夜游AR主题表演"禅行",游客从灵山大佛、灵山胜境、灵山祥符禅寺进入拈花湾后,可鉴赏"花开吉祥""拈花微笑""一苇渡江""花开五叶"等3D水幕投影和大型动态雕塑表演,增强游客的体验感和精神满足感。拈花湾文旅旗下微笑休养服务公司、文创规划院引入了夜游休闲产业生态,如又见山书社、弓守道体验馆、悦养生馆等,游客在夜游途中可同步实现表演鉴赏和休闲放松。"禅行"既增加游客下榻住宿后的休闲放松二次消费,提高了客单价,也保障了游客过夜率。

对于亲子家庭,出游兼顾方便快捷、教育陪伴、休闲放松十分重要。拈花云科针对性推出《梦回唐樱》AR影片,打造了鹿樱樱IP形象。游客戴上MR眼镜,便可与鹿樱樱互动,趣味性强,契合亲子家庭出游。基于鹿樱樱IP,拈花湾文旅旗下运营管理公司、酒店管理公司绑定赏花经济,构建赏花主题产业生态,如赏花主题住宿(鲜花客栈)、主题休闲服务(花海露营野餐与赏花小火车)、无人花店等,增加游客住宿、露营、游车、鲜花、MR眼镜租赁等二次消费。"数字IP形象+赏花经济"的尝试市场反响热烈,给拈花湾打造更多新产品提供了新思路。

拈花湾景区针对目标客群特点,充分发挥拈花湾文旅旗下企业的协同作用,提供契合客群的产品和服务,大幅增加住宿餐饮、休闲度假、文创产品等二次消费收入占比,有效地扭转了过去过度依赖商业地产的局面。

总体来看,拈花湾结合唐风宋韵的景观建筑形态和氤氲诗意的生态环境,借助现代数字多媒体技术和舞台表演艺术,创新打造沉浸式体验项目,形成了集观演互动、文旅融合和深度体验于一体的全新夜游模式,并成为国内文旅小镇夜间旅游的典范。来到这里,游客随处可以感受到禅意生活的真谛,忘却疲惫、心生自在。作为灵山佛教文化的重要组成部分,拈花湾总体以"禅"为主题元素,"禅"连接了灵山文化景区整体的佛教文化与旅行度假双重命题,让拈花湾拥有了"东方禅意生活乐土,世界心灵度假花园"的总体定位。不过在营销方式上,拈花湾景区仍有进步空间。可参考蒲公英矩阵模式,进行夜游禅意小镇和灵山大佛、灵山胜境、灵山祥符禅寺的高密度曝光;也可参考1+N数字矩阵营销模式,与同系列的品牌——陕西兴汉圣境的沉浸式汉文化、山东尼山圣境的沉浸式儒家文化、烟台崆峒胜境沉浸式山海经文化的相互引流,打造灵山集团沉浸式文旅1+N数字矩阵营销模式。

第二节　拈花湾夜间智慧旅游典型成果

一、科技引领,云上拈花

1. 立足景区的拈花湾智慧文旅云平台

2023年11月23日,文化和旅游部资源开发司、工业和信息化部信息通信发展司联合发布《关于第一批"5G+智慧旅游"应用试点项目的公示》,由拈花湾文旅牵头申报、拈花云科联合申报的"拈花湾5G+智慧旅游试点项目"入选名单,这是继入选工信部"2023年度虚拟现实先锋应用案例名单"后,拈花湾文旅2023年度又一次荣获的国家级认可。

拈花湾智慧文旅云平台是以特色文化为内在驱动,以现代科技为主要手段,通过大数据、物联网、人工智能、5G等新一代信息技术实现"旅游+文化+科技"融合,围绕旅游服务、旅游体验、旅游营销、旅游管理等智慧化应用所形成的数字化文化旅游新业态。该平台前瞻性地开展智慧化布局,以5G技术助力智慧旅游,创新文旅景区产品体验、服务模式、商业模式和管理模式,助力无锡拈花湾实现智慧化突破升级,为文旅行业数字化转型升级树立成功样板,持续推动文旅行业高质量发展。

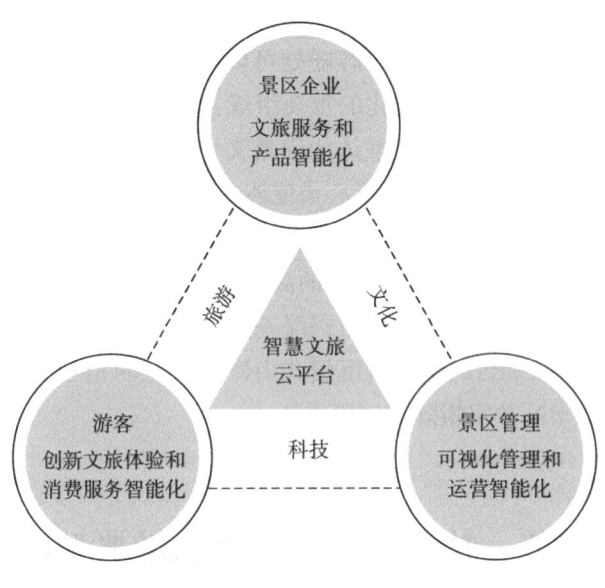

```
         景区企业
        文旅服务和
        产品智能化

      旅游        文化
           智慧文旅
           云平台
   游客                 景区管理
 创新文旅体验和   科技    可视化管理和
 消费服务智能化          运营智能化
```

拈花湾智慧文旅云平台

2. 向外播种的拈花云科

在智慧化布局方面，拈花湾文旅成立的拈花云科智慧化赋能专业平台，深度融合文旅行业领先的运营和服务理念，助力景区智慧化运营，打造了文旅目的地运营一体化智能引擎，全方位、系统化的智慧文旅云产品矩阵，并在各项目中广泛落地，取得良好实践效果。

无锡拈花云科技服务有限公司成立于2021年4月，由中国创意文旅集成商拈花湾文旅和北京滴普科技有限公司共同孵化组建，为了满足文旅行业日益增长的创新诉求，以拈花湾景区最初的运营痛点开始，望闻问切，开疆拓土，从一个信息部门壮大为一家独立的科技公司。依托拈花湾文旅近三十年在文旅产业的匠心沉淀，拈花云科锐意创新，突破传统文旅信息化边界，结合5G、AI、大数据、区域链、物联网等新兴技术，深度融合文旅行业领先的运营和服务理念，涉及数智化咨询、建设、运营三大业务板块，涵盖全旅程智慧对客服务、全业态营销渠道贯通、全链路景区智慧管理、多维度数据分析决策等五大产品体系和九大行业解决方案，贯穿景区数智化开发建设运营全周期，在立足景区需求及强化落地效果的同时，用新技术、新场景、新模式加速文旅产业创新升级，打造文旅目的地运营一体化智能引擎。

拈花云科搭建的统一数据智能平台，以数据智能向业务赋能，沉淀企业数据资产,彻底将场景全线打通,精准定位从内容投放到消费完成甚至二次宣传的全部场景,最大化完成景区供应链优化、服务水平和二次消费边界,形成涵盖全流程智慧游园服务、线上下一体化运营数据分析解读、全面数字化管理,搭建数字化平台。

除此以外,拈花云科还提供了"瀑布数据"文旅数据平台解决办法,并成为文旅部资源开发司第一批全国智慧旅游"上云用数赋智"优秀解决方案之一。拈花云科"瀑布数据"(即数据中台)基于行业数据指标和贴合运营的多维数据模型,帮助企业快速构建自有数据资产,量身打造企业的"数智大脑"。通过整合分析全域数据,精准把脉企业运营情况,为决策、管理、营销和服务提供科学、准确、高效的数据支撑,实现"让数据驱动决策"。同时,统一数据标准和格式,有效解决各部门、各业务之间的数据孤岛难题,实现了数据共享和统一管理,提高企业数据处理效率和部门协作效率,切实做到"让企业的数据活起来"。

拈花云科在解决拈花湾景区难题并给予技术赋能的同时也总结出了自己的景区智慧化经验:

第一是智慧服务。拈花云科为景区量身打造一站式对客服务数字平台,升级重塑景区服务体系,向游客提供游前咨询、游中服务、游后传播的全旅程智慧游园服务,包括:攻略推送、景点介绍、门票预订、扫码入园、智慧导览、线路推荐、演艺提醒、预约体验、餐饮购物、留言评论、投诉建议等,打造"一部手机畅游全程"的智能化、便捷化和人性化的游客新体验。线上预定、分时预约、智能排队提醒等功能解决了景区排队长、门店引流难,游客不知道玩什么、吃什么、住哪里,有什么优惠等问题,大大优化了游客游玩体验。平台支持搭载 AR/MR 技术,帮助景区推出新内容、新玩法,打造高人气的元宇宙新潮酷炫场景和特色文化,给游客提供互动式、沉浸式趣味游园体验,为景区赢得口碑和新的流量"入口"。

第二是智慧营销。拈花云科为景区搭建营销中台、数据中台(智慧驾驶舱、游客综合检测分析系统平台)双中台系统及一体化综合票务系统,有效整合景区内吃、住、行、游、购、娱等资源,打通旅行社、OTA(在线旅游)、自营、团购、分销平台等文旅行业全渠道,敏捷支撑景区各类营销活动,让旅游产品从整合、销售、拆分、核销到结算等多个环节做到一气呵成。双中台的搭建及一体化综合票务系统解决了景区旅游资源分散、系统壁垒、数据孤岛等难题,帮助景区做好数据整合分析、业务融合、渠道贯通、台账管理等工作,支撑景区未来持续丰富的旅游业态和智慧化决策。

第三是智慧管理。拈花云科通过为景区打造综合管理平台,搭建监控监测硬件等基础设施,将景区的各项管理工作高度集成在一个平台进行统一管理,实时监控掌握景区环境、人、事、物等一切管理对象和资源情况,做到跨系统统一预警、跨部门协作调度,实现人、场、资源调度的动态管理和前置性配置,将旅游安全、环境卫生、服务质量、环境保护等隐患减至最少。基于数字孪生技术对景区进行1∶1数字化建模,通过视频监控、智能语音、巡逻巡检、GIS定位等设备,可视化展现景区整体态势,实现"一图全面感知、一屏可知全局",做到数据共享化、管理精细化、工作协同化、指挥立体化、服务智能化和决策数据化,帮助景区做好客流预判、车流管控、环境检测、应急救援、异常事件响应、越界预警等,大大提高应急处理能力和运营管理效率。

第四是智慧运营。拈花云科在"运营前置"顶层设计理念指导下,坚持"一体化运营"视角贯穿景区数智化建设全周期,在项目开始阶段就介入专业运营团队,以"运营者"身份参与项目开发建设,以"经营者"立场强化实际落地成果,借力拈花云科数智化运营模式,解决传统景区数字化建设运营策略滞后、运营模式老旧、数字化系统落地闲置等常见问题,实现景区智慧化建设的活化运转。

无锡拈花湾景区在通过数字化创新解决自身发展难题的同时孵化出了诸如拈花云科的数字化科技创新企业,将自己的成功经验转化为可以因地制宜的解决工具,不仅仅是在文化与旅游融合过程中的自我更新,更是为全国文旅品牌数字化改造提供了先进样本。

二、文化铸魂,诗意拈花

在享受数字化进程中的科技创新所带来的红利的同时,无锡拈花湾景区并没有失去其文化本色,而是凭借着数字化改造创新了自己的文旅品牌。

1. 元宇宙里的唐风宋韵

拈花湾景区结合唐风宋韵的景观建筑形态和氤氲诗意的生态环境,通过灯光、投影、原创音乐、互动装置、声光装置等现代数字科技,把智能科技、数智体验融入小镇旅游,以创新性、科技性的表达方式,打造出夜间沉浸式特色演艺——"拈花一笑"、全感官沉浸式夜航体验——"空灵之境"、DR奇幻夜间体验——"鹿鸣谷生态区"三大智慧旅游沉浸式体验新场景,形成以拈花湾景区为主体的夜间智慧旅游沉浸式体验新空间,更好地满足人民群众文旅消费新需求。

拈花湾景区还将AR、MR等技术与游客的赏花路线结合,对鹿鸣谷生态区进行全景建模，制作出多种虚拟场景，推出"梦回唐樱"元宇宙体验。拈花湾景区加速推进数字产品迭代：一方面借助拈花码小程序，将 AR 体验与鹿鸣巷、指月巷、云树帆影等九个点位的唯美赏花点深度融合，游客可以通过手机看到"梦回唐樱"从虚拟变为现实。此外，景区还开发了线上小游戏，以此增强游客的互动趣味度。另一方面，为了满足客户还原拈花塔元宇宙场景的需求，让科技走到游客面前，景区对拈花塔、鹿鸣谷两个场地做了全景建模，游客通过 MR 眼镜，不仅可以体验到元宇宙视频中虚实结合的震撼感受，还可以在鹿鸣谷里看到俏皮可爱的 3D 小鹿"鹿樱樱"在广场上嬉戏调皮，进一步实现"所见即所得"的线下 MR 体验。

将视野扩大，拈花湾文旅对于行业大方向的把握，与国家政策的思路是始终保持一致的。国务院印发《"十四五"数字经济发展规划》、文化和旅游部印发《"十四五"文化产业发展规划》、无锡市滨湖区发布《太湖湾科创带引领区元宇宙生态产业发展规划》等纲领性文件，从顶层设计角度阐释了文旅产业向数字化转型的必要性，从政策层面给文旅企业转型发展打了一剂"强心针"。

2. 科技净心的禅意小镇

拈花湾景区最大的文化亮点还是其以"禅"为核心的主题，景区在由中国旅游研究院和中国旅游协会联合主办的"2020 中国旅游集团发展论坛"上获得了"文化和旅游融合发展十大创新项目"殊荣。

拈花湾·禅意小镇利用 AR 和 5G 高新视频技术，进行数字化升级，实现"身临其境"的体验。以景区地标拈花塔为视觉核心，奇幻的水柱绕着拈花塔盘旋而上，枝繁叶茂的菩提树在塔尖熠熠生辉，拈花一指，心灯升空，璀璨流星划破浩瀚宇宙，金色福虎从火龙钢花中乘风而起，在烟花绚烂中送出祝福。这是对新年蒸蒸日上的期盼，也是对元宇宙开启未来无限可能的展望。

第三节　拈花湾夜间智慧旅游的积极成效及推广价值

一、积极成效

拈花湾结合唐风宋韵的景观建筑形态和氤氲诗意的生态环境，借助现代数字多媒体技术和舞台表演艺术，创新打造沉浸式体验项目，创构形成了集观演互动、文旅融合和深度体验于一体的全新夜游模式,并成为国内文旅小镇夜间旅游的典范。

在沉浸式夜游的带动下,作为中国文旅产业的排头兵,拈花湾文旅充分发挥自身全产业链服务优势,以精品文旅项目和数字创新产品,迎接市场的强劲复苏。

1. 传承弘扬中华优秀传统文化,创文旅经典

目前,国内 3 万多家景区景点和在开发的文旅项目,以观光型项目和功能型产品为主,与当地文化关联较差,游客体验效果不佳,难以满足品质消费和体验经济崛起的需求。对此,拈花湾文旅立足于中国传统文化的传承与创造,将独特的东方深厚底蕴全新演绎,打造出融入百姓生活,满足大众精神文化需求的目的地生活方式。

2021 年春节期间火爆开街的烟台芝罘仙境朝阳街项目,便是拈花湾文旅的最新力作。朝阳街取材历史悠久的开埠文化和红酒文化,重构"吃喝游娱购"多元业态,将抽象的传统文化转化成受游客欢迎的文旅作品,打造出独属烟台的万国摩登休闲街区。

围绕红酒文化主题,朝阳街在文化建筑、空间肌理、商业业态、旅游活动以及生活方式方面不断创新。葡萄、开瓶器、酒杯等红酒主题动态雕塑,在灯光的映衬下烘托红酒文化的独特魅力,由专业西洋管弦乐队演奏的阳台交响音乐会,将红酒文化氛围进一步放大,带来美妙的沉浸式体验。红酒主题室内幻想乐园"微醺世界",则是感官互动红酒品鉴体验馆。走进朝阳街,仿佛来到了红酒文化的殿堂。

朝阳街项目展现了拈花湾文旅在创意、创新、创造方面的优势和对传统文化的独到理解。挖掘中华优秀传统文化,并赋予其时代特色,以当代审美,打造一系列人民群众喜闻乐见的文旅精品工程,让游客在惊喜中体验文化对身心的洗礼,对智慧的启迪。

2. "新经济"打破文旅产业边界,稳步推进"文旅+"

现如今,产业融合已经成为全球经济发展的主要趋势。在这一大背景下,文旅行业也在与其他领域不断产生化学反应,通过"文旅+"的跨界融合,打破传统文旅行业的边界。在"文旅+"的产业融合探索上,拈花湾文旅已经摸索出了一套根植当地文化的创新路径。

即将对外开放的大拈花湾项目,就是拈花湾文旅拓展"文旅+健康"概念的

旗舰工程,将心灵疗育、生命保养、精神减压等健康理念全面融合到文旅项目中,打造"世界级心灵度假目的地"。

拈花湾文旅稳步推动"文旅＋"的转型升级,延伸产业链条,培育新增长点,旗下大拈花湾、尼山圣境、芝罘仙境、金陵小城等项目均得到高质量发展,推动文旅产业迈向了新台阶。

3. 新技术赋能文旅新场景,打造沉浸式体验

今时今日,移动互联、人工智能和虚拟现实等无数新技术的井喷式发展,已让"数字文化"概念纵深下沉到日常生活的方方面面,沉浸式体验越发完善,推动文旅产业进入了充满无尽想象的新阶段。

运用技术创新加强文旅体验,拈花湾文旅对此同样有着深刻理解。在拈花湾·禅意小镇项目中,拈花湾文旅推出了融合水下舞台装置、全息数字影像屏、高流明激光投影等新技术的全新景观"微笑广场",创造360°沉浸式观演的梦幻表演景致,助力激活夜间经济,同时新场景、新玩法进一步提升了游客体验,让游客的身、心、灵在这里得到放松。

以新路径构建新需求,拈花湾文旅正着力探索新技术在文旅产业上的应用,以此催生新需求,让旅游成为人民生活的另一种非日常的必需品。

4. 基于用户思维创新产品,显著提升文旅体验

自做文旅项目以来,拈花湾文旅始终坚持从用户视角看待问题,在项目的策划规划阶段便接入运营团队,以确保具有前瞻性的策划规划方案能够满足游客需求,提升运营期的经济效益,真正做到用户体验与场景融合,进而进行多次消费。

在拈花湾·禅意小镇打造《禅行》表演作品时,拈花湾文旅基于用户视角,细心设计了"水幕秀→拈花塔亮灯仪式→五灯湖综合演艺→微笑广场演出"的游览路径,实现分散性布局、时段性演艺,让每一场精彩演出都能恰到好处地呈现在游客面前。

同时,拈花湾文旅还在不断迭代游客游玩路线,在花海季来临之时,开辟了花海游、演绎景观陆游和水上游览三条路线,所有的策划、设计,都是从用户思维出发,只为了能带给用户最佳的游玩体验。

5. 构建数字化平台,以数据驱动景区运营

拈花湾文旅以中国创意文旅集成商为核心定位,提供策划、规划、设计、建

设、运营等全产业链服务,先后打造了数十个精品文旅项目。拈花湾文旅目前已探索形成了多景区、多业态的组合产品体验模式,包含门票、住宿、餐饮、演艺活动等一系列产品和服务,涉及的场景与流程极其复杂,对企业的数字化能力提出了很高的要求。

拈花湾文旅选择通过创新突破来开辟属于自己的转型升级之路。为此,其基于大数据底座构建了贯穿全流程的数字化运营平台,涵盖一站式全旅程智慧对客服务体系、提供全链路管控的景区智慧管理体系,以及覆盖全渠道的产品营销体系等。

拈花湾文旅在尚未搭建数据平台时主要是依赖管理者的经验和判断来运营项目,而这种方法存在一定程度的不足,比如在应对旅游高峰期的客流管理方面,过去的做法就是用对讲机通知各个闸口的工作人员,这样不够精准,同时又耗费了大量人力。如今通过数字化运营平台,景区已经能够更加科学地应对客流管理的挑战。通过提前根据人流密度和演艺波段数据进行分析,建立科学的分流预约机制,并运用数字孪生技术进行模拟备案,根据数据模型精确控制演艺设备和闸口的开关,使整个过程更加可靠,在确保安全和便捷性的同时,也给游客带来了更好的游览体验。

6. 全流程端到端管理,赋能开发业务

随着规模的扩大,拈花湾文旅在全国已拓展至 30 多个文旅项目,除了自营景区的运营管理,还有对外的文旅项目开发。现阶段拈花湾文旅就有数十个正处于不同开发阶段的文旅项目,每个项目都会涉及到商机管理、合同管理、组织管理、风貌管理、研发管理、建筑管理等,复杂度非常高。

为了解决开发类业务管理的需求,拈花湾文旅与金蝶软件有限公司合作开发了一套全流程端到端的数字化管理平台,从商机管理开始,将整个流程中的各个环节进行串联,实现了业务链条、成本链条和财务链条的打通,建立了一个高度清晰的业财体系。这套体系还有很大的发展空间,接下来拈花湾文旅将携手金蝶,进一步提升业务管理的精细度,构建业财中台体系,为日后更加复杂的业务场景提供支撑。

事实上,数字化平台不仅赋能拈花湾文旅的前台业务,还成为提升后台运营能力、强化组织效能的有力抓手。跟随集团运营战略的要求,拈花湾文旅从 2019 年就开始建设自身的中台体系,包含营销中台和运营中台。通过打通商品体系和订单体系,打破商业系统和酒店系统之间的边界,实现了景区的一体化管理,由此构建面向 C 端的完整服务体系。

此外，拈花湾文旅还使用了金蝶的人力资源管理系统，推动多网格、多职能的绩效体系的实施。通过数字化手段，实现对员工的精细化管理，为组织的发展提供了动力。把绩效体系和目标体系拆分得比较好，与员工的薪酬体系关联，不论员工身处网格中的哪个位置，都能感受到充分的驱动力。

7. 释放数字化新动能，引领文旅产业创新

拈花湾文旅高度重视数字化战略，保持着行业领先的数字化步伐。从最早的票务系统信息化，到建设中台体系，实现景区一体化运营管理，构建高效人力体系，再到文旅项目开发等多元业务，不断探索数字化技术在文旅行业的应用，积极寻找新的创新点和突破口。

在云服务领域金蝶也是先行者，比大部分国内外厂商走得都要快，而且产品具有强大的开放性。结合金蝶出色的产品力，拈花湾文旅可以在金蝶云·苍穹的PaaS平台内根据自身需求任意组装产品，也可以接入自己此前独立开发的系统，借助大量共享资源推动系统快速迭代，适应新的发展需求。对拈花湾文旅来说，这种开发方式不仅能很好地支撑文旅行业运营和管理个性化的需要，同时也大幅节省了开支。

面对市场的快速变化，拈花湾文旅正大力推动数字化进程，以满足文旅行业日益增长的创新诉求。企业坚守"传承文化、创造经典、引领美好"的理念，形成文旅产品的整体创新研发及落地实施方案，并持续打造沉浸式体验新空间，探索游客服务、演艺空间等场景的数字化应用。拈花湾文旅希望将数字化技术真正落地到产品中，给游客带来更加人性化、更加愉悦的体验。

对于未来的数字化规划，拈花湾文旅正在往两个方向加速推进：一是延续数字化在企业战略中的重要地位，将"拈花湾"打造为数字化样板景区，通过持续对"拈花湾 X Lab"（创新实验室）的研发投入，加快将数字技术转化为文旅产品的过程。二是将数字化探索成果打包成标准化产品，为整个行业的数字化发展赋能。目前，拈花湾文旅已经积累了一些标杆客户和典型案例，形成了一系列文旅标准化产品和行业解决方案，希望通过未来积极的探索，为文旅行业的数字化升级做出贡献。

拈花湾文旅一方面传承并再创经典，活化、转化中华优秀传统文化，另一方面与新经济相拥抱、与新技术相融合，推动文旅向"文旅＋"转变，让文旅产业和消费成为扩大内需、促进消费的强劲引擎。

作为美好生活的创造者、倡导者、践行者，拈花湾文旅将始终坚持"传承文化、创造经典"的理念，聚焦文旅行业发展趋势，深刻领会国家政策精神，坚持以

文塑旅、以旅彰文,打造更多人们喜闻乐见的文化旅游精品工程,讲好中国故事,传播中华文化。

二、推广经验:文旅融合背景下旅游地 IP 形象打造

IP(Intellectual Property),即知识产权,也可以是各种文化创意的总称,包括动漫、影视、文学等。随着网络的快速发展,2012 年前后互联网公司开始从自身角度出发以互联网独特的思维和模式来探索 IP 与用户之间的关系,IP 也被认为是"经市场检验过的用户需求"和"市场验证过的用户情感载体"。

文化 IP 被定义为有着高辨识度、自带流量、强变现穿透能力、长变现周期的文化符号。文化旅游 IP(以下简称文旅 IP),即是给文化 IP 赋予一个"旅游"的限定条件,它是一个增加游客对旅游目的地的认同感并愿意与之建立地理联系和情感联系的文化符号。文化旅游 IP 是生产者意欲自己的产品在市场上与竞争对手的产品产生差异而创造出来的具有文化符号性质的个性化产物,它不仅可以对旅游地本身利益创造提供显性帮助,而且可以为游客的游览增加一份出游前的保障和出游后的满足感。

首先,文旅 IP 是一个帮助旅游地充分发挥其内涵的外在工具,生产者可以通过它快速传递给游客旅游地的物质内容和精神内涵。其次,基于不同旅游地的特殊性,文旅 IP 又能帮助生产者使其生产的产品在游客心中占领独特的位置,满足游客的个性化需求,提高游客对旅游地的满意度和依赖度,进而增加购买的次数。再次,游客到该地出游率的提高或该地游客数量的增加,也能起到传播旅游地文化的作用。人们通过旅游促成对该地文化内涵认知度的增加,从而提高对该地的兴趣度和探索欲望,增加出游次数,由此形成一个有效闭环。

对于旅游者而言,旅游地的文旅 IP 是刺激其产生出游欲望、激发其产生出游动机的有效因素,也是帮助游客判断该旅游地是否满足自身出游心理或价值观的有效标准。在游览过程中,文旅 IP 形象或符号的时常出现,能将文旅 IP 的内涵传递给游客,帮助游客更深层次地了解该旅游地,实现深度游览。

拈花湾的 IP 设计紧紧围绕着"禅意生活"这个因素。无锡灵山文化旅游集团有限公司董事长吴国平在第五届中国文旅 IP 大会上提到,优秀的文旅 IP 具有可识别性、可转化性、正能量及个性化四方面特征,而拈花湾 IP 的创造过程也离不开这四个特征。第一,可识别性。"禅"在我国由来已久,可以追溯到菩提达摩从印度到我国传法的那一天。可以说,"禅"在我国有一定的影响力,大

众对"禅"的了解虽到达不了"精通"地步,但也是耳熟能详。第二,可转化性。"禅"与生活的深度融合是对中国传统文化深度剖析后,融入现代日常生活的智慧创造。拈花湾位于无锡市滨湖区马山风景区,具有得天独厚的自然地理优势,"禅意生活"文旅IP的出现,填补了现代人缺乏自然生活的空白。第三,正能量。有研究指出,禅宗美学占据中国传统美学的很大一部分,禅宗独特的审美理念对我国文学、书画等艺术创作产生了极其深远的影响。对于大众而言,这种"禅意生活"的理念会对他们的生活产生积极的影响,它能给部分焦虑紧张的现代人带来一种完美的心灵度假享受,减轻他们心理上的压力。第四,个性化。拈花湾的IP是文化旅游IP,是基于中国传统文化创造出来的满足现代中国人生活的本土化文旅IP。同时,它所表达的是一种"生活理念",而不是大众所熟悉的其他IP所表达的"娱乐精神"。

拈花湾主要通过以下方式来打造独特文旅IP内核:首先,实现优秀文化"嫁接"。文化与旅游有机结合是对文化的深度解读,拈花湾IP设计将"禅"返璞归真的生活理念挖掘、转化、融入景区景观设计中,成功将拈花湾从传统观光型景区转型为度假型景区,又通过文化体验将"禅意生活"的理念传达给游客,如特色禅食、汉服体验等。其次,"精致化""场景化"赋能景区设计。一方面,拈花湾景区设计的精致化是让拈花湾成为游客心中好景区的必要条件,可以说拈花湾中自然资源、人文资源都体现了拈花湾景区精致化的设计理念。景区内人杰地灵,其中子景点"梵天花海"的明黄格桑花吸引着无数游客前来观赏。景区内建筑的外观设计参考唐代建筑,富有深厚的人文底蕴。另一方面,拈花湾的场景化设计也值得一提。"观光+度假"的小镇设计让游客的心灵随着脚步的移动不由自主地悦纳了拈花湾想灌输给游客的"禅意生活"理念。

三、拈花湾文旅产业发展智慧化转型建议

无锡不仅是我国著名的旅游城市,也是全国首批智慧旅游试点城市。在智慧旅游建设方面,无锡一直走在江苏乃至全国的前列。自2011年起,无锡市文化广电和旅游局就将提升旅游服务水平、创新旅游营销手段、优化旅游管理模式、增强旅游核心竞争力作为推进智慧旅游工作的主要手段,可谓富有前瞻性。2012年,无锡智慧旅游建设工作上了一个新台阶,先后完成了两个智慧旅游项目,实现了三个示范工程,建设了旅游一站式综合信息服务平台。而拈花湾文旅紧抓无锡文旅产业智慧化转型的机遇,充分利用科技赋能,将智慧文旅建设驶入"快车道",智慧建设项目密集,成为无锡文旅产业智慧化转型的典范。

拈花湾智慧文旅建设成果①

序号	时间	智慧文旅建设	类别	成果或获奖
1	2020年10月	"十城明月"活动	游戏	华东地区唯一取景地
2	2020年10月	"拈花湾商城"小程序	微信小程序	2020年数字商务创新示范企业
3	2021年8月24日	拈花智慧文旅云——数据智能平台项目启动会	数据智能平台	数字化征程迈入新阶段
4	2021年9月	成立无锡拈花云科技服务有限公司	公司	智慧旅游优秀企业奖
5	2021年9月	金陵小城	设计运营	全国首批20家SIT超级沉浸旅游项目
6	2021年	拈花湾·禅意小镇	景区	2021江浙沪地区"智慧景区TOP10""优秀智慧景区"
7	2021年12月	大型水上行浸式夜航演艺《空灵之境》	演艺	水、陆、空三维场景演艺闭环体验
8	2022年1月	"拈花湾元宇宙传送门""梦回唐樱"元宇宙视频	视频	超250万人次用户观看,55万次转发
9	2022年4月	3D小鹿"鹿樱樱"首发;拈花塔、鹿鸣谷全景建模	IP形象	"沉浸式赏花"互动体验
10	2022年7月	无锡市吴越文化数字科创谷项目	数字文娱	"创意文旅+IP孵化+数字文娱"

从上表可以看出,拈花湾智慧文旅起点较高,资金投入充足,项目建设覆盖面广,其运行效果受到了市场用户的肯定。拈花湾文旅作为无锡文旅产业智慧化转型的"排头兵",对于推动无锡文旅产业高质量发展具有重要的研究价值。

1. 拈花湾文旅产业智慧化转型SWOT分析

SWOT分析法是现代管理学中一种有效的发展战略分析方法,现已被广泛应用于旅游研究等方面。运用SWOT分析法对拈花湾文旅产业智慧化转型展开全面分析,能够为实现其跨越式发展提供有益参考依据。

(1) 优势

拈花湾文旅产业智慧化转型的最大优势在于拥有自己的科技公司,支撑拈花智慧文旅云平台的设计、运营、维护和管理,相较于将平台外包的方式,省去

---

① 注:数据来源于政府网站和公开报刊资料。

了大量调研磨合的时间,一定程度上也消除了行业壁垒,实际运营效率更高。无锡拈花云科技服务有限公司从服务、营销、运营、数据四方面出发,打造了包含彩虹游、锦云营销、季风运营、瀑布数据在内的拈花文旅云产品矩阵,能够助力景区尽快实现数字化转型。在成功打造拈花湾文旅云平台之后,公司还为金陵小城、尼山圣境、兴汉胜境等多个景区设计了智慧文旅平台,在文旅产业智慧化转型方面积累了大量的景区运营经验,这些宝贵经验同样可以反哺拈花湾文旅产业智慧化转型。

(2)劣势

拈花湾文旅产业打造的文化 IP 核心是"禅"文化,不同于灵山景区的佛教文化,禅文化更突出休闲养心,面对的游客群体更加广泛。然而,拈花湾文旅产业智慧化转型过程中推出的各项活动或文旅产品均在线呈现、宣传和销售,对于年轻群体的号召力较大,对于中老年群体而言,因操作困难和旅游习惯影响,吸引力可能会降低。当前,我国逐渐步入老龄化社会,中老年游客群体的数量与消费能力不容小觑,如果不能有效挖掘这一市场的消费潜力,对拈花湾文旅产业来说将会损失巨大。另外,年轻群体虽然会被新颖的线上宣传带动,但其对"禅"文化的认知度相较中老年群体而言有所欠缺,对于景区文化 IP 的有效辨识也会相应减弱,会在一定程度上影响部分游客的重游率。

(3)机遇

在文旅环境方面,无锡处于"一带一路"建设、长江经济带发展、长三角一体化发展等重大国家战略叠加区域,也同时承担着建设大运河、长江两大国家文化公园江苏段的重任,这些都为无锡文旅产业智慧化转型提供了重大契机。在文旅市场方面,休闲旅游、自驾旅游、周边旅游、需求多元化等日益成为市场发展新趋势,这为无锡拈花湾及整个文旅产业抢占先机、占据智慧旅游新高地提供了重要机遇。在文旅技术方面,无锡具有雄厚的科研实力。2021 年,无锡数字经济核心产业规模突破 60 000 亿元,数字产业规模较大、企业发展较好,具有集群发展的优势,数字经济发展指数位列全国城市第七、江苏省第一,能够为无锡文旅智慧化转型提供强大的技术支撑。

(4)挑战

拈花湾文旅智慧化转型的挑战一方面来自外部其他景区的同质化竞争,另一方面为内部信息服务质效水平不高。无锡及周边景区的智慧文旅发展势头强劲,都采用了"文旅+科技"的方式打造沉浸式体验模式,如无锡梅园打造了水幕电影灯光秀,视觉呈现效果较为震撼,无锡影视基地推出了以历史故事为背景的幽默小视频,引起了游客的持续关注,同类文旅产品容易造成消费市场的审美疲劳。另外,拈花湾云平台在游客全程旅游服务方面的信息服务质效仍有提升空间。游客在拈花湾旅游过程中,拈花湾云平台主要提供的是展演时间信息服务,而对于旅游线路实时规划、旅游地图标注、实时景点人数等信息服务还存在标识不够细致、反馈不够及时等问题。

2. 未来发展建议

(1) 打造科技文化据点

拈花湾在硬件设施建设方面可谓精雕细琢,连不起眼的苔藓、篱笆都是精心挑选、匠人打造,因而在硬件方面升级空间不大,但在软实力方面仍大有可为。目前,拈花湾最具文化IP与科技感的据点是微笑广场,承担着夜游无人机灯光秀大型表演的重任,但这一场所在白天因缺少灯光、科技的加持,优势并不突出;拈花塔的亮塔仪式以灯光秀为主,科技感略缺乏;因众多景点都已经设计了水幕呈现形式,又因表演时长较短,水幕舞蹈《一苇渡江》容易造成游客审美疲劳。因此,纵览拈花湾众多文化据点,实际能够融合文化特色与先进科技的景点并不多,这就需要景区创新设计特色文化据点的展现形式。

对于上述问题,一方面,建议加大对虚拟形象"鹿樱樱"的宣传力度,增加游客体验混合现实的途径,扩大特色文化据点覆盖范围;另一方面,在现有各特色文化据点开设科技文化体验馆,让游客可以体验科技游戏与禅宗文化结合的乐趣,加深对特色文化据点的印象和对"禅"文化的理解。

(2) 提升科技互助体验

拈花湾设计了覆盖食、住、行、穿、游、购、娱的多种互动体验活动,但这些互动体验活动多为实体体验,与虚拟体验结合的活动较少,针对该问题建议如下:一是充分利用拈花湾既有线上商城与云平台,增强线上虚拟购物的真实感,即让线下实体店结合虚拟现实全景,提升线上虚拟购物的细节真实性,实现线上销售的转型升级。二是强化文化与电子竞技的结合,开发"文旅+体育"体验活动,如开展拈花湾徒步音乐节,将露营、音乐及健身体育结合或进行线上电子体育竞技等,在提升线下游客参与积极性的同时,通过线上转播增加活动的可观赏性,扩大影响力。三是开发科技互动体验项目,可以对水上游船项目进行升级,打造大型沉浸式动感轨道船视觉场景,通过裸眼3D技术、特种银幕投影将水域实景、游船运动、动感体验与"禅"文化结合,并加入多个游客互动环节,打造虚实结合的沉浸式水上体验感官盛宴,让游客有身临其境、亲历其事的"真实"感受,使文化体验借助科技在表现力、感染力、互动性上实现新突破。

（3）制订个性化旅游方案

"禅"文化的感知体验适合个体自主体验而非群体共同活动,更需要景区提供个性化的旅游方案,提高重游行为的内驱力。目前,拈花湾官网展示的个性旅游方案主要分为两类:一类是定制服务,包括颂钵、华服、雅集、花供四种;另一类是度假套餐。两类个性旅游方案都存在明显不足,前者内容过于单调,而后者形式不够灵活,在线路设计、产品定制、活动体验方面均难以充分满足游客个性化需求。

针对上述问题有以下几点建议:第一,建议强化拈花湾官网"定制服务"版块功能,将其打造为能够提供个性化旅游方案的智慧平台,通过与游客的智能交流问答,根据游客不同需求,灵活制订相应的旅游方案。第二,增加个性服务项目,如亲子骑行、家庭露营、住宿场所特别布置、体验活动个性化参与等。第三,重视家庭出游服务,重视老龄群体与幼儿群体的需求,为这两类人群设计适宜的体验活动,充分挖掘家庭游群体的消费市场潜力。

（4）提高信息服务质效

拈花湾智慧服务平台虽然通过微信公众号、微信小程序等新媒体积累了稳固的客源,带动了景区形象宣传,在游客中形成了良好的口碑,但信息服务质效还存在较大提升空间。

首先,拈花湾智慧服务平台旅游线路设计要更加细致,方位指示要更加明确。信息服务平台不能只显示游客所处位置,还要提供后续旅游线路并进行游玩线路指引,为首次游玩的游客提供有效帮助。其次,信息要及时更新。例如,拈花湾各演出时间并不完全固定,会随季节、天气等情况进行微调,由此容易产生演出时间与实际情况不符的问题,拈花湾智慧服务平台应将此类重要的信息主动并及时地推送给游客。再次,要进一步提升实时信息服务,提高人流引导能力。拈花湾智慧服务平台要快速准确地掌握实时游客数量,以便在即将达到景点最大承载力时及时分流游客。最后,要拓宽游客旅游反馈渠道,如可开通拈花湾智慧服务平台24小时在线客户服务,准确记录游客反馈和相关建议,并加以改进,还可以运用大数据技术邀请结束游玩的游客参与线上反馈评价,以获得游客真实感受资料,准确预测游客重游意愿。

（5）打造高品质的数字安全环境

数智赋能在未来将持续推动拈花湾夜间文旅体验的升级和发展,为文旅行业的可持续发展提供新的可能。同时,在数字化转型的过程中,拈花湾需要积极应对可能出现的技术、安全和隐私问题。

技术方面:随着数字化转型的推进,拈花湾需要不断更新和升级其技术系统,以满足游客不断增长的需求,这可能需要大量的技术投资和人才引进。

安全方面:数字化转型也带来了新的安全挑战。为了保护游客的个人信息和隐私,拈花湾需要采取严格的安全措施,包括数据加密、访问控制、安全审计等。同时,拈花湾还需要加强对网络安全的防范,防止黑客攻击和病毒入侵。

隐私问题:数字化转型可能导致游客的个人信息被大量收集和使用。为了保护游客的隐私权,拈花湾需要遵守相关法律法规,明确告知游客信息收集和使用的方式,并获得游客的同意。同时,拈花湾还需要建立完善的隐私保护机制,确保游客的个人信息不被泄露和滥用。

第八章

江苏文旅融合数字化展望

第八章　江苏文旅融合数字化展望

近年来,江苏省认真贯彻习近平总书记关于文化建设的新思想新观点新论断,致力于围绕"强富美高"的新江苏宏伟蓝图,把文化强省的目标内涵由"三强两高"拓展为"三强三高",发展要求由"迈上新台阶"提升到"高质量走在前列",坚持自信自强、守正创新,有力推动全省文化建设水平持续跃升。为此,省委十四届四次全会深入贯彻总书记对江苏工作重要讲话精神,对高质量建设社会主义文化强省、更好担负起新的文化使命作出重要部署,提出建设中华优秀传统文化的重要传承发展地、革命文化的重要弘扬地、社会主义先进文化的重要创新策源地和理解历史中国、认识现实中国、把握未来中国的重要窗口"三地一窗口"的目标要求,为"在社会主义文化强国建设中展现江苏担当""在建设中华民族现代文明上探索新经验"指明了主攻方向,明确了工作重点。据此,江苏省应立足数字化时代背景,致力打造文化高地,进而在秉承总体文旅理念优化的基础上,以数字公共服务为目标,整合文旅资源,最终生动描绘和凸显江苏省地方文旅特色,描绘出理想的江苏文旅融合图卷。

第一节　总体理念优化:江苏文旅融合的发展基础

总体理念优化指引了江苏文旅融合发展的方向和态势,蕴含着未来文旅融合的实践路径,只有在保持总体理念优化的基础上,才能助推江苏文旅实现高效率、高品质融合。江苏文旅融合涉及的总体理念优化具体包含互联网理念、法治理念、系统理念。互联网理念是数字时代植入文旅融合进程的"术"之层面,是江苏文旅融合数字化的路径基础;法治理念是数字时代植入文旅融合进程的"法"之层面,是江苏文旅融合数字化的制度基础;系统理念是数字时代植入文旅融合进程的"道"之层面,是江苏文旅融合数字化的价值基础。

一、以互联网理念驱动江苏文旅融合创新发展

互联网思维具有用户导向、结构多元、网络协作、体系开放等特征,这和文化、旅游要素、产业融合发展的趋势趋于一致,江苏省未来应探索以互联网思维推进国家、社会各方力量助推江苏文旅融合创新发展,在充分发挥社会力量的基础上有效达成文化服务优化和旅游经济繁荣的目标。

首先,江苏文旅融合创新应以用户模式和用户理念考量公民在文旅服务中

的定位和角色,推动文旅服务供给的均等化和专业化。在现有的文旅服务体系中,供需不匹配、供给主体单一、满意度不高等问题掣肘着民众高质量文旅需求的满足和培育。要解决这些问题,需要政府做好顶层设计,更加合理、均衡地配置文化旅游资源,重视民众的文化旅游诉求,重视其作为文化旅游供给主体的地位,并为其构建开放性的文化旅游参与机制。一方面,完善公民作为用户的文旅需求表达机制。目前,公共文化和旅游服务的供需之间经常存在不匹配,既有结构性过剩又有结构性短缺,不仅是广大群众的基本文化和旅游需求无法得到充分满足,各地区和群体间不同的文化和旅游资源差异更是加剧了这一困境。究其根源主要在于政府对公众文旅需求的了解不足,其单方面提供的公共文旅产品和服务往往无法切实满足公众日益增长的文旅诉求,为此,政府应借助大数据技术大规模采集公众的诉求信息和文旅市场发展动态,并为此建立完善的需求表达机制,以提高文化旅游服务的准确性,实现供需的动态平衡。另一方面,政府和社会各界应联合建立多渠道的供给参与机制。互联网思维崇尚系统的开放性和用户深度参与相结合,这为公共文旅服务供给模式创新提供了良好的经验。具体而言,应充分重视群众的创造性,为其搭建平台、畅通渠道,充分激发其供给多样化文旅产品的潜能。最终目的是彻底激发蕴藏在民间的文旅活力,也充分尊重了民众的主体地位,公共文化服务不再是以提供者为中心,而是转变为以公众为中心,这是用户思维在公共文旅供给领域的体现。

其次,江苏省应进一步以互联网理念中蕴含的跨界理念优化资源配置。所谓跨界思维,主要指突破传统边框进行资源整合,从而在文化和旅游的融合中创造机遇。文化所禀赋的强包容性赋予其与诸多行业交互融合发展的可能性,达成跨界借力的理想目标。诸如文化与旅游、文化事业与文化产业、公共文化设施与非公共文化设施等边界与壁垒一旦被打破,就将以融合发展态势激发文化和旅游产业的发展活力。为了达成跨界借力,一方面应在文旅融合中吸引社会力量参与,扩展文旅合作空间。随着文化和旅游部的组建,"以文促旅,以旅彰文"的文旅融合理念已成为各方共识,其也进一步催生"和合共生"的理念,使得人们得以秉承"宜融则融、能融尽融"的原则,寻找文化和旅游的内在契合点,实现多方位、全链条的深度融合。具体到公共文化服务领域,更应该坚持跨界思维,把握住公共文化"全域服务"与旅游产业"全域旅游"的历史交汇点,在文旅融合中重塑公共文化空间。下一步,在规划、发展公共文化设施过程中,应将"住、食、行、游、购、娱"旅游六要素充分嵌入,真正实现文旅深度融合,为社会力量参与公共文化服务提供更为广阔的空间。另一方面,应考虑融入跨界元素,助力文化文物单位的文创产品开发。长期以来,大量公益性文旅机构存在着一种认识上的误区，认为公益性文化事业单位不应从事"营利性"的经营活动。但实际上，非营利性运营并不意味着它不能运用市场化的方式开展经营活动，事实证明，国内外诸多博物馆、艺术馆已开始尝试在文创产品研发领域进行卓有成效的探索，其产品种类、设计理念、技术应用等方面广泛吸收了社会研发力量的精华，从而得到市场的大力追捧。可见，要实现"创造性转化""创新性发展"，文旅单位必须借重社会力量，运用众创、众包、众筹等手段与之在研发、生产、经营等环节进行深度合作，从而大力提升文创产品的开发水平和力度。

最后，江苏省应进一步以社会化理念塑造文旅服务的创新供给方式。所谓社会化理念就是指组织利用社会化工具、社会化网络，重塑企业和用户的沟通关系、组织管理以及商业运作模式。当这种理念置于文化和旅游领域时，可以理解为调动各类非营利性文化组织、企业、志愿者等多元力量共同建设文旅服务体系。目前，多元共治已经是理论上的普遍共识，但究竟如何更好地协调各方关系以达到最优化的力量配置，还有待于进一步探索。纵观现有的文旅融合实践，一方面，以PPP（政府和社会资本合作）项目为依托的制度化平台已日渐成熟，其允许各种社会力量通过特许经营、政府采购、股权合作等不同方式参与各种公共文旅服务。目前，我国公共文化服务PPP供给模式主要集中在博物馆、图书馆、大剧院等公共文旅服务的基础设施中，其应用范围需要进一步拓展。2018年文化和旅游部、财政部发布的《关于在文化领域推广政府和社会资本合作模式的指导意见》明确提出，鼓励社会需求稳定、具有可经营性、能够实现按效付费、公共属性较强的文化项目采用PPP模式，重点包括但不限于具有一定收益性的文化产业集聚发展、特色文化传承创新、公共文化服务、非物质文化遗产保护传承以及促进文化和旅游、农业、科技、体育、健康等领域深度融合发展的文化项目。但同时也应意识到，囿于公共文旅服务的公益性、基本性、均等性、便利性，在与社会力量合作过程中，必须把握平衡、掌握尺度，既实现有效融资，又必须防止文旅服务的"公益性"被社会资本的"商业性"侵蚀。另一方面，要以网络化治理理念协调社会力量合作方式。网络化治理强调参与各方为达成一致目标，以网络状沟通协调方式，利用信息网络技术，协同开展活动的过程、制度及规则，具有治理主体多元化、治理责任分散化、组织边界柔性化、需求响应弹性化、合作关系伙伴化和资源优势互补化等特征。为了更好地适应互联网时代的需求、激发社会力量参与公共文旅服务的热情，应运用网络治理理论对公共文化供给、管理模式进行重构，使社会力量能够参与项目策划、活动组织、资源提供、管理评价等诸多文旅服务的策划和创造环节，增强其表达权、选择权、参与权、决策权与评价权①。

二、以法治理念保障江苏文旅深度融合发展

完善的法律保障是文旅融合的程度由浅至深的关键因素,未来,江苏省在数字化赋能文旅融合进程中,应深入学习贯彻习近平法治思想,切实加强对文旅领域法治建设规律性、特殊性的认识把握,以法治理念嵌入未来目标任务,以自身工作的确定性应对外部环境的不确定性,制定出台更多覆盖面更广、含金量更高、操作性更强的文旅领域法规制度。

首先,江苏省未来应立足于盘活本土特色的文旅要素,制定更加完善的法律法规。一方面,整合江苏现有的红色文化、自然风光、人文景观以完善依法行政制度体系。江苏省将在未来陆续推动出台江苏省红色资源保护利用条例、修订农村公共文化服务管理办法、开展促进民宿业发展条例和公共图书馆条例立法调研,旨在打造系统高效且合理合法的文旅资源开发机制。此外,为了有序引导文旅产业的规模性扩张,江苏省将继续推动建立旅游民宿联席会议制度并出台管理暂行办法,出台省级考古遗址公园建设指南,研究制定非遗工坊管理办法及陆桥东部世界级丝路旅游带、沿太湖生态文化旅游区、沿洪泽湖生态文化旅游区建设实施方案等,在确保文旅资源有效利用的基础上,提高其产业化和集聚化的生产效能。另一方面,在法律法规的制定环节中,江苏省将按照新修订的《江苏省行政规范性文件管理规定》要求,进一步规范制发程序,对行政规范性文件充分评估论证,广泛听取来自政界、企业界、学界等各方意见,严格遵循法律审核程序,从严把关,确保出台的文件合法有效。未来,针对江苏省各地文旅要素的特殊性和管理模式的异质性,应基于适用性和区域性原则,允许江苏省各地根据文旅环境和地方政府、企业、社会公众等利益相关者的反馈,不断审查和更新现有的法规体系。

其次,要将法治理念的教育渗入到文旅融合进程中。首先要培育相关文旅主体建立起法治意识,依法参与文旅事业的建设过程。对政府而言,应将深入贯彻党的二十大精神作为首要政治任务,全面对标对表党的二十大关于法治建设新部署新要求,学深悟透笃行习近平法治思想,利用理论学习中心组、"三会一课""周末学堂"等多种形式,联系实际学、反复深入学、及时跟进学,不断增强

---

① 荆晓燕. 以互联网思维推进公共文化服务社会化[J]. 中共青岛市委党校. 青岛行政学院学报, 2020(4): 74-78.

厅系统党员干部政治理论水平和政策法规学习运用能力，为新征程上文旅高质量发展融入中国式现代化江苏新实践提供法治保障。对文旅从业人员而言，其一应当树立合法合规的经营理念，在经营活动中遵守相关法律法规，不违法经营，不参与违法活动，保障消费者权益。其二应树立诚信意识和合同意识，遵守职业道德规范，遵守合同约定，不违约、不欺诈，保障交易双方的合法权益，维护文旅行业的声誉和形象。其三应由龙头文旅企业引领建立行业法律咨询和帮助渠道，及时解决经营活动中遇到的法律问题，提高法律意识和素养。此外，江苏省也应将法治意识融入到文旅产品的观赏性和使用性当中，向公众普及基础法律知识和行为规范，在用好文化艺术形式和文旅资源阵地的基础上，通过加大普法宣传力度、组织开展文化市场法治惠民活动、持续打造法治惠民实事项目、发挥艺术专项资金和艺术评奖激励引导作用，组织创作一批有影响的法治文化精品，推动法治文化建设高质量发展。

最后，应在文旅融合的各个环节中积极贯彻落实法治实践。未来，江苏省将围绕建设法治环境、优化执法效能、落实监督规则等工作，确保法治理念在文旅融合进程中挥发出其严谨、高效、有序的价值氛围。在建设法治环境上，江苏省将不断巩固拓展"放管服"改革成效，探索建立全省文旅领域审批综合服务平台，发挥文旅政务服务"旗舰店"作用，推行"一件事一次办"，并构建以信用为基础的新型市场监管机制，开展以互联网上网服务为试点的信用等级评价，便于及时跟进文旅市场质量和安全监管，优化文旅场所服务。在优化执法效能上，江苏省将基于《江苏省文化市场轻微违法行为免罚、一般违法行为从轻减轻处罚清单（2023年版）》，组织开展文化市场综合执法系列先锋行动，适时组织第三方"体检式"暗访和综合督导，开展演出市场专项执法行动，推进"未经许可经营旅行社业务""不合理低价游"专项整治。在落实监督规则方面，江苏省基于其所编制公布的《2023年度省文化和旅游厅重大行政决策事项目录》，以网上常态互动机制为节点，发挥法律顾问、公职律师、法律专家等的作用，稳妥处置投诉、诉讼、信访等法律事务。

三、以系统性理念推动江苏文旅可持续融合发展

系统性理念指的是把一个整体或一个过程视为一个系统，并从整体出发研究和解决其中的问题。这种理念强调系统内部各要素之间的相互作用和联系，以及系统与外部环境的互动和影响。在文旅融合实践中，系统性理念将有效推动文旅要素和产业的可持续发展，通过助推空间系统、时间系统和因果系统的

有机统一和调适,让文旅要素和产业不断地生发出新的活力和生机,蔓延出新的发展增量和发展领域。

在空间系统中,首先应以"水韵"为宏观空间主线,将以大运河为主体的水域网络进行空间定位和划分,探寻文旅可持续融合的创新发展高地。在过去,江苏省成立省大运河文化带建设工作领导小组,由省委书记任组长,省直17个责任部门和11个运河相关设区市齐抓共管,立志以空间责任划分的方式推动大运河从"地理空间"转化为"文化空间",活化两岸文脉。而在未来,大运河文化将不再拘泥于江苏省域范畴,成为融入国家文旅发展大局的重要空间节点。放眼全国,大运河江苏段不仅串联起扬子江城市群、江淮生态经济区、淮海经济区,辐射到沿海经济带,而且与"一带一路"建设以及长江经济带发展、长三角一体化等国家重大发展战略交汇。可以预见,未来江苏将在跨区域文化交流、生态环境共保、旅游品牌联动、中国文化"走出去"等方面发挥江苏力量,贡献江苏智慧,将水韵空间的影响力从省域拓展至国家疆域。其次,在微观空间主线上,江苏省将持续推进城乡公共文化服务标准化均等化。坚持"送文化"与"种文化""育文化"相结合,深入实施公共文化服务"双千计划",创新办好"送戏下乡"民生实事,让人民群众有更多看得见、摸得着、感受得到的文化获得感,为创造出有生的基层文旅创新动力奠定充实的群众基础。

在时间系统中,江苏应注重文化基因与现代化实践结合,形成文旅事业和文旅产业繁荣发展的"江苏特色"。一方面需坚持保护第一、加强管理、挖掘价值、有效利用、让文物活起来,持续推进文物和文化遗产研究保护利用强省建设,在此基础上深入实施江苏地域文明探源工程,从江苏本土文化意涵和旅游产品中推出和宣传更有影响的考古重大成果,解读好中华文明在江苏的形貌和样态。另一方面,江苏要致力打造现代公共文化服务体系、现代文化产业体系和市场体系"升级版",不断丰富高品质文化产品服务供给,最终才能用好文化遗产这一文明传播交流的"天然使者",不断扩大国际人文交流合作"朋友圈",提炼展示江苏地域文明的精神标识和文化精髓,推出更多熔铸古今、汇通中西的文旅成果,打造生动讲好中华文明故事的"江苏标识"。

在因果系统中,江苏省未来将准确把握精神文明和物质文明的互动关系、问题导向和对策导向的演绎逻辑,探寻推进江苏文旅融合的持续性动力。首先,在建设物质文明和精神文明相协调的现代化中更好发挥文旅事业和文旅产业的双向赋能作用。一方面,坚持将时代精神作为文旅物质产品创作主题,进一步组织实施好新时代现实题材创作工程,推动优秀作品精雕细刻、打磨提升,打造更多兼具精神高度、文化内涵和审美价值的精品力作,让优秀艺术作品如千峰竞秀,彰显时代气派。另一方面,也要坚持依托文旅物质产品传递精神文明风貌,尤其是要立足江苏地域特色和资源禀赋,从重点建设区定位出发,以"景—情"相统一的模式淬炼人们的精神风貌和时代气节。其次,坚持文旅问题导向,并针对具体领域精准施策发力。江苏省将继续加强对文旅建设中的苗头性情况和问题进行分析研判,提出决策建议和工作提醒,对实际措施步骤进行动态调整完善,并在此基础上建立完善集管理、研究、展示、监测功能于一体的数字公共文旅平台,主要关注以下一系列问题:重开发轻管理的现象不同程度地存在,遗产的原真性、完整性面临严峻考验;社会关注度、参与度亟待提高,非物质文化遗产后继乏人;文旅生态质量不容乐观,资源利用和污染治理任重道远;沿线产业转型升级面临挑战等。要解决这些问题,仍然要统筹规划实施,统筹力量资源,统筹生产、生活、生态之间的关系,仍然要通过具体的项目和抓手性事项输入"修正值",从而使江苏文旅建设不断逼近"目标值"。

第二节　数字公共服务:江苏文旅融合的发展目标

数字时代以来,由文旅融合所衍生出来的新市场、新需求成为助推数字公共服务现代化的关键力量,其不仅为数字公共服务提供了丰富的人、财、物支撑,更为数字公共服务的发展开拓了更为广阔的空间和更为多样的机遇。具体而言,江苏省在文旅数字化融合进程中,为数字公共服务产品的生产和储备提供了广泛的物质、精神资源,并在数字技术的内嵌下形成了以顾客导向和用户体验为核心的服务供给模式,进一步打通国际文旅交互平台,为数字公共服务国际化供需管理打通有益且高效的渠道。最终通过加强跨国合作、共享文化价值和旅游价值,推动文旅资源的保护和开发,促进不同国家和地区之间的交流和合作,实现文化旅游的可持续发展。

一、文旅融合为数字公共服务储备了丰富的资源

江苏文旅融合为数字公共服务提供了丰富的资源,这些资源不仅包括文化、旅游等领域的物质、精神资源,还包括技术、人才、资金等许多其他生产要素资源。这些资源的有效整合和协调利用,将有助于推动江苏省整体数字公共服务质量的提升和发展。

首先，文旅融合提供了大量的文化资源，这些资源可以为数字公共服务提供丰富的素材和内容。在现实世界中，各地的历史遗迹、传统文化、民俗风情等都是数字公共服务的宝贵资源，但时常会遇到一系列的保存困难、使用不便等难题。近年来，江苏不断提升数字技术的应用深度和迭代速度，在重塑和再造文物、历史建筑等文化遗产方面起到了以下作用：第一，对这些文化资源进行高精度、高分辨率的三维扫描和数据采集，生成高精度的数字模型，实现文化遗产样貌的数字化保存；第二，用计算机图形学和虚拟现实等技术对文化遗产进行修复和还原，使文化遗产得到再现和复原；第三，将文化遗产数据存储在计算机系统中，建立文化遗产数字资源库，实现文化遗产的数字化管理和保存，方便后续的查询、检索和利用；第四，利用互联网、移动终端等途径将文化遗产信息传递给更多受众，实现文化遗产的数字化传承和弘扬。最终，文旅融合中的文化资源在数字技术的介入下得以妥善储存和使用，在丰富江苏省数字公共服务资源和提高公共服务质量方面起到了基础性作用。

其次，文旅融合在丰富了自然景观、人文景观、旅游线路等旅游资源的基础上，以需求为导向广泛呼吁各类数字平台和数字传播渠道的搭建。江苏省以整体吸纳态势享受着数字技术红利的同时，在景点介绍、旅游攻略、在线导游等方面为公众提供更为便捷、高效的旅游信息服务，提升公众的旅游品质和体验。这种旅游要素赋能数字公共服务的方式具体体现在以下几方面：第一，利用数字地图技术，将旅游目的地的地形、交通路线、景点分布等信息进行数字化处理，制作成数字地图，方便游客查询和导航，同时，可以利用GPS定位技术为游客提供精准的定位和导航服务；第二，通过数字摄影、无人机拍摄等技术，将旅游目的地的风景、建筑、文物等资源进行数字化采集和记录，制作成数字影像资料，方便游客通过互联网、移动终端等途径进行在线欣赏、互动和体验，同时，可以利用虚拟现实技术为游客提供沉浸式的虚拟旅游体验，让游客提前体验旅游目的地的风光和特色；第三，通过数字化技术，将旅游景区的导游讲解、景点介绍、历史文化等信息进行数字化处理，制作成电子导览系统，方便游客通过智能终端查询和听取相关介绍，同时，可以利用人工智能技术为游客提供智能问答、个性化推荐等服务，提高游客的游览体验和满意度；第四，利用数字技术，将旅游目的地的形象、特色、活动等信息进行数字化处理，通过互联网、社交媒体等途径进行在线宣传和推广，吸引更多的游客前来参观和旅游，同时，可以利用数据分析技术对游客的行为和需求进行分析，为旅游目的地的营销和推广提供更精准的策略和支持；第五，利用数字技术，对旅游目的地进行数字化监控和管理，建立数字化安全监控系统，实现对旅游景区的安全监管、环境保护等方面的智能化管理和监测,保障游客的安全和合法权益。

此外,文旅融合为数字公共服务提供了技术要素和人才要素的培育。同样,由文旅融合形成的新市场和新业态将以需求推动的模式对技术创新和人才培养提出新的要求,因为文化和旅游领域的创新和实践需要先进的技术支持和优秀的人才队伍。例如:在文化资源数字化保护方面,需要采用虚拟现实、增强现实等技术;在旅游领域,需要人工智能、大数据等技术来提升旅游服务的智能化和个性化。此外,文旅融合中对技术要素和人才要素的培育也能进一步助推数字公共服务资源的优化配置,例如,可以将文化资源与旅游资源相结合,或是将文化创意与科技手段相结合,以打造面向公众的,更高效、更具吸引力的文旅产品和服务。

最后,文旅融合还促进了资金投入和商业模式创新。文化和旅游领域的投资和发展,可以为数字公共服务提供资金支持和商业模式的借鉴。例如,可以通过引入社会资本、推广文旅融合的产业基金等方式,为数字公共服务提供资金支持。同时,也可以借鉴文化和旅游领域的商业模式创新经验,探索兼具区域性和时代性的数字公共服务商业管理策略创新和实践机制。

二、文旅融合优化了数字公共服务的供给模式

文旅融合催生出愈发繁杂和多元的文旅服务诉求,进一步吸引了公众积极参与到更具定制化的文旅实践中,这也促使越发多的数字公共服务供给模式出现,这些供给模式往往既和文旅要素与实践密切关联,即强调将文旅产品的观赏价值、使用价值等最大程度地呈现给公众,也和数字技术的繁茂发展息息相关,即借助数字化、智能化的手段和工具,为每个公众量身打造符合自己预期和需求的数字公共服务产品。

随着数字平台作为价值创造和获取场所的重要性日益增加,文旅融合率先点燃了江苏数字平台的创新动力。第一,平台是数据的集成区,平台创新的本质实际上是对更多数据类别的进一步采集和分析。而文旅融合可以依托数字平台搭建数据共享和开放机制,推动江苏文化和旅游领域的海量数据整合和开放共享,从而鼓励文化、旅游与科技领域的创新企业、研究机构和个人进行合作和创新,在提高数据利用效率和创新能力的同时,激发大众的创新创业活力。第二,数字平台在文旅融合的辐射下得以进一步强化技术研发与应用,推动平台内蕴含的数字技术不断发展和创新。例如,江苏文旅融合得以与文旅产业孵化服务、资金支持、政策引导等措施相结合,可以支持江苏企业和研究机构开发

新一代文化旅游数字化技术,包括人工智能、虚拟现实、增强现实等,提高数字平台的智能化和个性化水平,这也有助于满足多元个体的文旅诉求。第三,数字平台创新也包括影响范畴的延展,譬如,其打破了文旅要素的空间壁垒,以平台为依托加强江苏省域区域合作与协同发展,促进不同地区之间的文化交流和旅游互动。同时,可以通过数字平台创新,实现跨地区的信息共享、资源整合和业务协同,推动文化和旅游产业的区域一体化发展。

数字平台的铸造和数字营销的推进往往是相伴而生的,数字平台以系统性网络结构,由点至面地承担文旅产品的承载和文旅服务的供给责任,数字营销则由面至点地针对不同文旅服务对象,提供接触、告知和吸引客户以及向他们提供和销售产品和服务的新方法[①]。面向数字时代的未来,江苏将抓住文旅融合这一重要的政策导向,探寻卓有成效的数字营销方案,具体而言包含以下路径:第一,在江苏文旅融合进程中,不断加强数字营销的宣传和培训,提高企业和从业人员的数字营销意识和能力,便于其更好地利用数字技术推广文化旅游产品和服务;第二,文旅融合可以借助数据挖掘和分析,精确定位和深入分析数字技术在江苏省域中目标市场的应用,从而制定更加精准的营销策略,提高数字营销的效果;第三,文旅融合可以借助社交媒体、搜索引擎、电子邮件等数字营销手段,实现创意营销、短视频营销、直播营销等策略,进行文化旅游产品和服务推广,吸引更多受众关注和参与;第四,江苏省未来将不断推动文旅融合与旅游网站、在线旅行社、航空公司等相关企业、机构和社群建立数字营销合作网络,扩大数字营销的影响力和覆盖面,共同推广文化旅游产品和服务;第五,借助省内高等教育优势,江苏省将以大数据模拟、场景克隆等数据分析和技术工具,或是通过培训、实践和学习,评估数字营销的效果和投资回报率,并让从业者掌握更多的数字营销技能和方法,从而提高数字公共服务的供给效率和转化方式。

文旅融合助推下,数字平台和数字营销形成了数字公共服务供给的重要路径,而数字管理能力作为实施路径"软实力",成为提高数字公共服务供给效能的关键势能。未来,江苏省将从以下角度出发,借文旅融合提高数字管理能力,进而优化数字公共服务质量:第一,文旅融合可以通过数字化管理流程的优化,提高管理的效率和规范性。例如,可以利用数字化技术实现文化旅游项目的规划、审批、执行和监督等环节的流程自动化和规范化,提高管理效率和透明度,

---

① 徐同谦,贾梦珂. 技术与演进:数字营销研究图景——1996—2022 年数字营销研究的纵向分析[J]. 新闻与传播评论,2023,76(5):115-128.

达到数字公共服务有序供给的理想效果。第二，文旅融合可以通过数字化技术加强文化旅游项目的安全管理。例如，江苏可以利用物联网技术实现对文化旅游资源的实时监控和预警，确保文化资源的保护和旅游安全，或是用大数据技术对旅游活动进行监测和分析，及时发现和处理安全隐患。第三，文旅融合可以通过数字化技术提高文化旅游项目的服务品质和管理水平。例如，可以利用人工智能技术实现智能导游、智能导览等服务，提高游客的体验和满意度。还可以利用移动支付等技术方便游客的消费和结算，提高服务效率和质量。

三、文旅融合推动数字公共服务的国际化合作

作为经济大省、开放大省，以开放促改革、促发展、促创新，是江苏改革开放45年来积累的宝贵经验。在《江苏省"十四五"文化和旅游发展规划》中，谋划了6个"世界级"——培育打造世界级运河文化遗产旅游廊道、世界级滨海生态旅游廊道、扬子江世界级城市休闲旅游带、陆桥东部世界级丝路旅游带、沿太湖世界级生态文化旅游区、沿洪泽湖世界级生态文化旅游区，提出让旅游胜地"明珠颗颗镶嵌"，形成"棋盘落子式"全域诗画美境。因此，文旅融合作为江苏省面向国际化的战略，其最终目标指向的数字公共服务现代化也自然蕴含着国际风采和特色，亟需不同国家广泛介入和深度合作，为数字公共服务发展奠定良好的国际环境和主体基础。

从文旅资源的意涵上看，其本身就具有显著的跨国属性，例如，世界文化遗产是人类共同的财富，不论是在哪个国家，都应该得到保护和传承，民俗文化、艺术作品等也可以成为不同国家和地区之间文化交流的桥梁和纽带。借此，文旅融合可以建立与国际组织、外国政府和企业的合作机制，共同推动数字公共服务的发展，包括与联合国教科文组织、世界旅游组织等国际机构建立合作关系，共同制定文化旅游领域的数字公共服务标准、规范和指南。

从数字时代的时代背景来看，文旅融合可以通过推广数字化导览、数字化表演、数字化展览等方式共享数字技术资源，促进数字公共服务的国际化合作。例如，可以搭建文化旅游数字技术共享平台，提供数字化保护、数字化营销、数字化服务等领域的先进技术和解决方案，而在这过程中，也能推动数字文旅要素的标准化建设，共同制定数字技术在文化旅游领域的标准和规范，促进国际间的交流与合作。在此基础上，文旅融合可以利用现代信息技术搭建国际合作平台，推动数字公共服务的国际化合作。例如，可以建立文化旅游网站、APP

等平台,提供在线预订、智能导览、个性化推荐等服务,方便国际游客的出行和文化体验。还可以利用视频会议、在线直播等技术手段,加强国际间的沟通和交流。

文旅融合也打造了数字化培训与交流的渠道,通过开展培训班、研讨会、学术交流等方式,江苏省可以邀请国际专家和学者分享数字化技术和应用经验,提高国际社会对数字公共服务的认识和水平,推动数字公共服务的创新和发展。未来,国内外资本的交流互动也将成为数字化培训交流的重要契机,例如,可以与外国企业合作开发智能导游、智能酒店等数字产品和服务,满足国际游客的需求,推动数字旅游的发展,促进数字公共服务的国际化合作。

在国际文旅政策方面,宏观上,文旅融合可以推动江苏省积极参与联合国教科文组织、世界旅游组织等国际组织的活动,参与文化旅游相关政策制定和规划,在文化旅游领域的数字化发展方面达成国际共识。微观上,文旅融合可以加强知识产权保护以及促进投资和贸易合作,通过开展投资洽谈会、贸易展览会、文化交流活动、人员互访、培训研讨等方式,共同打击侵权盗版行为,保护知识产权的合法权益,并通过建立知识产权保护机制、加强执法合作等方式,促进各国之间的知识产权保护和合作,加强各国之间的投资和贸易合作,促进文化旅游产业的繁荣发展。

第三节　文旅资源整合:江苏文旅融合的发展条件

2022年年中,江苏省文化和旅游厅印发《江苏文化和旅游领域数字化建设实施方案》,要求加快文旅领域数字政府建设、推动数字技术在文旅行业广泛应用,最终构建开放共享的文旅数字资源体系,为江苏文旅融合发展创造有力的支撑。文旅资源整合是江苏文旅融合的必要条件。首先,文旅资源整合包括管理平台的整合,依托江苏智慧文旅平台,整合内部政务业务系统,推进文旅政务中台建设。其次,文旅资源整合也包括运营业态的整合,推动传统文旅业态数字化改造提升,支持旅行社、星级饭店、旅游景区、度假区等运营服务智慧化转型,开发数字化文旅融合体验项目。最后,文旅资源整合还包括文旅数据的整合,通过建立文旅行业数据共享机制,逐步实现全省文旅行政部门、文旅企事业单位间平台通、数据通等。

一、文旅资源管理平台的整合

过去,文旅资源管理平台往往依托具体的文旅场景得以搭建,导致文旅资源管理存在过程曲折、管理体系臃肿等问题。在理想状态下,文旅资源平台应统筹好图书馆、博物馆、文化馆、档案馆、美术馆、科技馆等公共文化机构内丰富的馆藏资源,收集整合涵盖生态文化、民俗文化、历史文化、红色文化、艺术、戏曲、美食特产等的珍贵资源和特色资源,以统一多元的文旅资源量保障文旅服务价值的最大化[1]。目前,江苏省已依托智慧服务、智慧监管、智慧分析建立起文旅资源智慧管理平台。智慧服务旨在实现高质量供给,重点是建设面向公众消费需求的智慧服务中心,设立江苏文旅在线超市,作为面向游客和居民服务的线上总入口,通过提供一站式、全过程文旅服务,引导和扩大文旅消费。智慧监管旨在实现高效能治理,重点是建设面向行业管理需求的监管指挥中心,通过接入4A级以上景区、重点文化场馆和文保单位的监管数据,集成安全管理、质量监管等业务系统,实现精准化、智能化、可视化在线实时监管。智慧分析旨在实现高精准决策,重点是建设面向产业发展需求的数据分析决策中心,通过建立数据标准规范和数据资源采集存储体系,汇聚整合多元数据,打造文旅"最强大脑",为科学研判和准确把握文旅发展趋势提供支撑[2]。

该平台的智能应用主要从三方面出发整合资源。一是以服务类别为核心整合文旅资源,集发布、查询、预约、订购、推荐等功能于一体,设置苏心住、苏心听、苏心赏、苏心购、苏心食等栏目,通过APP、PC端、小程序、公众号等多终端提供优质便捷服务,实现"一键打包江苏",吸引更多人感受江苏美的风光、美的人文、美的味道、美的生活,收获美的发现。二是以风险识别为核心整合文旅资源,借助风险管理系统及时收集公众对文旅市场质量问题、安全隐患投诉,及时派发处置任务并反馈处置结果,实现行业监管与社会监督有机结合,营造安心、放心、舒心的文旅市场环境。三是以个体需求为核心整合文旅部资源,在智慧分析功能板块实现"个性化"推送,通过利用公众在文旅消费中形成的位置、预订、评价等数据,对消费群体进行精准画像,有针对性地将文旅产品和服务信息快速送达消费者。

目前,江苏省文旅资源管理平台正处于不断延展和扩充的阶段,借助高效

---

[1] 于佳会,刘佳静,郑建明.数据与需求双重驱动下的智慧文旅公共服务平台构建[J].情报科学,2023,41(9):115-121.

[2] 钟欢,马秀峰.数据驱动下的学科精准服务平台构建研究[J].图书馆学研究,2020(8):50-55.

的计算能力与强大的云端存储汇聚文旅数字资源,包括社交网络数据、web数据等,具体通过网络爬虫等技术,按照一定的规则对各类网络媒介,如搜索引擎、新闻网站、微博、小红书、美团、大众点评网、携程网等的页面信息进行采集,然后对采集到的文旅网络数据进行清洗、过滤、去重等处理,将冗余、杂乱、低价值的网络资源形成精简、集成、高价值的资源体系[①]。未来,江苏省将依托PC端、移动端、大屏端,旨在设计一套全域旅游示范区与文旅要素管理平台,召集创建单位、评审专家、主管部门代表,对平台建设的必要性、可行性和重点功能进行研讨和交流,形成平台最初的创意论证。平台分为共学共建共享、台账管理、暗访管理、会议评审管理、明查记录、创建动态、创建单位管理、复核管理、专题分析等九大功能模块,可实现江苏全域旅游示范区创建工作创前精准指导、创中科学评审、创后跟踪服务的"全链条无缝衔接"。同时,这项设计也便于全域旅游创建单位和参与主体借助于移动端"全域旅游示范区共建共学共享"微信小程序,随时随地学习和了解全域旅游的政策文件、学习资料、培训内容、经验分享等知识和内容,助推全域旅游认识上的不断提升。

二、文旅资源运营场景的整合

不同时代、不同类别的文旅资源的性质存在显著差异,这使得不同文旅资源的运营场景也存在显著差异,换句话说,每一种文旅资源都可能需放置于相对应的运营场景当中才能发挥出其应然的价值意蕴。但是近年来,大批新兴运营场景逐渐出现了趋同的态势,例如淘宝等购物平台和短视频运营场景相连接,而抖音等短视频平台则与购物运营场景相连接,形成消费、娱乐功能整合的综合型运营场景。尤其是近几年来,以短视频为代表的运营场景逐渐繁盛,成为整合文旅资源的重要契机。据中国互联网络信息中心第51次《中国互联网络发展状况统计报告》显示,我国网民规模为10.67亿,短视频用户规模10.12亿,短视频产业已成为目前覆盖用户人群最为广泛的视听业态,其将社交媒体、视频网站和电商等数字媒体的功能融为一体,实现了人类网络化虚拟场景的栖居,引发了"短视频+"的智能数字生活理念。当"现实显现于景观,景观就是现实"[②],景观叙事与视听社会的时代到来,短视频应用场景下,文旅资

---

① 张树臣,陈伟,高长元.大数据环境下公共数字文化服务云平台构建研究[J].情报科学,2021,39(04):112-118.

② 居伊·德波.景观社会[M].王昭凤,译.南京:南京大学出版社,2006:14+20.

源实现了线上线下的景观融合[①]。

早在2020年,江苏省就正式启动了江苏文旅"网红IP打造计划"。2020年秋季,南京中山陵景区在抖音上设置"秋到紫金山"话题,吸引了1000多名博主参与,最高点赞量破百万,让紫金山成了热门打卡地。可以预见,江苏省未来将继续抓住短视频这一工具,推动文旅要素与视听媒介的深度融合,构建文旅视听线上线下的"朋友圈"。与此同时,江苏多地旅游主管部门、旅游景区、旅游企业等纷纷开始"牵手"短视频,一批批政务公号进驻短视频平台,推广当地的文化旅游资源,传播特色名片。尤其是2023年来,我国旅游市场强劲复苏,江苏省将进一步推动多平台分发式的短视频营销,触达不同平台不同定位的受众,进一步拓展受众的广度,通过短视频中接地气、易得的场景,提升消费者互动率,最终致力于引发裂变式的口碑传播。为了更多地达成这种文旅资源营销案例,江苏省将从以下几个方面出发,进一步加快运营场景整合的步伐:

第一,强化技术生产和工艺的创新。承载高品质文旅的短视频应用需要融合多种创新技术、涉及多种技术平台,既要从宏观层面整体规划运用以便产生聚合性推广效果,也要在具体操作中强化本土民间力量积极参与。充分利用各类文化资源,进行系统性、深度化挖掘,实现文化资源多次开发、多重产品、多种收益,形成既满足市场需求又彰显地域特色、具有广泛影响力的江苏文化符号。

第二,强化政策支持。在顶层设计上,把运用科技创新手段作为当下推动文旅产业高质量发展的强大引擎,坚持规划引领、政策驱动、跨界融合,从规划、机制、财力、人力等方面强化支持举措,不断推动文旅产业提质增效、做大做强,走跨越式发展道路。大力支持对大运河、江南文化等文化名片的打造,托起"高原上的高峰"。

第三,强化融合模式的创新。综合运用大数据、短视频、直播、虚拟现实等手段,创新融合文旅消费场景,发展文旅消费新热点,推动美丽江苏推广与经济发展融合互促。抓住超高清、数字技术、虚拟技术等新传播技术的发展机遇,结合地方特色,促进文旅产业与农业、林业、水利、工业、科技、文化等深度融合,大力培育新业态,鼓励文旅产业创新。突出沿大运河地区的文化特色和生态优先,一体建设高品位的文化长廊、生态长廊、旅游长廊,打造江苏的美丽中轴。在城市形象宣传中,强化以创新技术为引领,充分利用信息革命成果,灵活运用5G、AI、VR/AR等新型传播技术,为城市形象塑造及传播创造新机遇。

---

① 赵晖,鲍妍.短视频应用场景下的文旅资源深度融合[J].当代电视,2023(10):27-32.

第四，强化参与互动。互联互通的新传媒时代，传播场景更加垂直化、社群化、多元化，传播形式呈全媒化、全员化，每个人都是信息流量池中的传播者和分享者。要立足各地实际，发展高品质旅游产品，线下打造网红景点，线上展示视频和文字，使推广更具感召力、影响力，更好满足新期待、引领新风尚。同时，促进红色旅游、乡村旅游、遗产旅游、研学旅游等融合业态提质升级。完善江苏智慧文旅平台功能，强化参与互动，加强智慧景区建设，深入打造高品质文旅产品的看点卖点，切实为美丽江苏形象推广插上翅膀①。

三、文旅资源数据生态的整合

随着数字经济高速发展，数据已经成为数字经济发展的重要因素，是国家基础性战略资源。党的十九届四中全会首次将数据列为新型生产要素之一，进一步彰显了数据资源的重要性。文旅融合进程中，各项文旅资源常常以数据的形式呈现，而这些数据在不同的应用生态中存在各异的价值。据此，文旅资源数据生态指的是以数字样态存在的文旅资源所依附的组织或环境。基于这一观点，文旅资源数据生态的整合旨在加强文旅数据共享、加快文旅数据开放、深入开展文旅数据开发利用，这有利于释放数据红利、激发创新活力、创造公共价值，有利于深入实施国家大数据战略、推动落实创新驱动发展战略，有利于加快文旅产业发展、提升国家治理能力和治理水平②。江苏移动文旅大数据平台便尝试整合政府机构、移动运营商、涉旅企业、互联网企业、银联等多方数据生态源，监测各大核心景区的生态系统和人文环境，确保能够妥善、及时处置一系列文旅领域的问题。然而，目前对文旅资源的数据生态缺乏强有力的整合已然成为不争的事实。未来，江苏省将继续从以下几方面着手，推动文旅资源数据生态壁垒的进一步破除：

第一，需要对待整合的、数据化的文旅资源进行全面的调研和评估，了解其特点、优势和存在的问题，包括对资源的类型、分布、品质、数量以及开发利用状况等进行深入调查和分析，并确保可以实时监测文旅数据、输出可视化图表，便于快速寻找各指标数据间的关系和规律，发现指标异常。

第二，在资源调研和评估的基础上，通过各种渠道和方式收集相关的数据信息，包括旅游者的行为数据、旅游企业的业务数据、市场的需求数据等。同

---

① 贾潇潇.多维展现江苏高品质文旅风采[J].群众，2021(22)：18-19.
② 刘艳.文旅政务数据整合共享初见成效[J].中国信息界，2022(5)：33-35.

时,需要对收集到的数据进行清洗、整理和分类,确保数据的准确性和可用性,这其中也包括将内部和外部各来源数据进行统一接入、转换、写入,完成数据集成运营。

第三,建立文旅资源数据共享平台,并提供友好的数据可视化服务以及便捷、快速的服务开发环境,将收集和整理后的数据向社会开放,促进数据的共享和流通。这可以吸引更多的数据提供者和使用者参与进来,形成文旅资源数据的生态圈。

第四,在数据共享和开放的基础上,通过挖掘和分析文旅资源数据,为旅游行业的发展提供决策支持和服务创新。例如,利用大数据技术对旅游者的行为进行分析,为旅游企业提供精准的市场营销策略,或是通过数据共享实现跨行业的合作创新,推动文旅产业的升级和转型。

第五,为了促进文旅资源数据生态的整合和发展,需要政府提供相应的政策支持和保障。一方面包括制定相关的法律法规和政策文件,规范数据的收集、使用和开放,或是提供财政支持和税收优惠等措施,鼓励企业和社会组织参与文旅资源数据的整合和应用。另一方面也需提供技术性手段,提供丰富的数据分析功能,完善的安全访问控制,完善的数据质量保障体系[1]。

第四节　突出地方特色:江苏文旅融合的发展动力

不同省域往往蕴藏着各异的自然资源、人文景观、市场基础,这就需要各大省份的管理者通盘考量和整合地方资源,把脉本辖区所特有的文旅风采,从而探寻文旅融合的发展动力。为此,江苏省一方面将立足于地域资源特色和市场品牌特色,推动以江海河湖为脉络的"两廊两带两区"文旅发展布局从"大写意"成为"工笔画",用"融"的理念打造有影响力的文旅平台,用"融"的思路深化各类文旅创建,用"融"的办法培育富有文化底蕴的世界级旅游景区度假区,进一步提升"水韵江苏"文旅品牌影响力。另一方面也将广泛吸纳多方经验,为省域乃至市域文旅融合寻找更加有益、妥善的文旅融合道路。

---

[1] 隋丽娜,杨宏,于万国.文旅大数据分析技术应用研究[J].河北民族师范学院学报,2021,41(4):111-116.

一、强化地域资源特色

江苏到底需要什么样的特色旅游？各地又该如何凭借自身资源禀赋,走出一条条适合自己的城市特色文旅发展之路？《江苏省"十四五"文化和旅游发展规划》围绕这些问题进行编制,特别注重历史文化与现代文明结合、人文资源与旅游业态融合,提出构建以江河湖海为脉络的"两廊两带两区"文旅发展布局。在一系列规划引领下,江苏省域范围内苏州古典园林、黄海湿地、兴化垛田、江南水乡古镇等具有独特性、代表性的文旅资源地标进一步提升了国际影响力,富有文化底蕴的世界级旅游景区度假区已初步建成,30个江苏文旅地标入选文旅部长江主题国家级旅游线路。截至2022年,江苏省共登记文旅资源单体113万个,建立9个主类和大运河、长江文旅资源专题数据库。

未来,江苏省将融合历史、民俗、艺术、自然风光等地域资源,进一步从深入挖掘地方文化内涵和突出地方自然景观两方面出发,强化地域资源在文旅融合中的特色和在推动文旅融合中的可持续动能。在深入挖掘地方文化内涵方面,江苏省将从以下几方面入手:第一,了解和研究地方的历史,包括历史事件、人物、文化遗产等方面,借此可以更好地了解地方的文化底蕴和历史价值,为文旅融合提供更多的灵感和素材;第二,地方民俗文化是展示地方特色和文化的重要方式之一,可以深入挖掘地方的民俗文化,包括民间传说、传统手工艺、民俗表演等,将这些文化元素融入到旅游产品中,营造出独特的旅游体验;第三,可以深入挖掘地方的美食文化,包括食材的来源、烹饪技艺、美食传说等,推出具有地方特色的美食产品,让游客在品尝美食的同时,感受到地方的文化气息;第四,可以深度回顾地方的建筑文化,包括建筑风格、建筑材料、建筑技艺等,将这些元素融入到旅游产品中,营造出独特的旅游氛围。在突出地方自然景观方面,江苏省将从以下几方面入手:第一,确保深度保护和利用自然景观资源相结合,不仅要利用山水、森林、湖泊、河流等自然景观,将其融入旅游产品当中,更应借助数字化的技术手段来科学规划、监测、反馈自然景观资源的现状和问题,防止资源的破坏和浪费;第二,将自然景观与文化元素相结合,可以更好地突出地方的特色和魅力,例如,在江苏省一些少数民族聚居的自然景观村落中设置文化景点、在自然风光中融入民俗文化表演等,让游客在欣赏自然美景的同时,感受到地方的文化气息;第三,结合地方的自然景观特点,可以打造一些具有特色的旅游线路,如山水徒步之旅、森林探险之旅、湖泊游船之旅等,让游客更加深入地了解和体验地方的美丽自然景观。

二、彰显市场品牌特色

江苏省坚持用文化的理念发展旅游、用旅游的载体传播文化,深化各类文旅创建,拓展文旅发展领域,延伸文旅产业链、开创广大新兴文旅品牌。以"水韵江苏"文旅品牌为统领,江苏省从"百戏之祖"在"新三年"的新征程到精准"种文化"的"双千计划",从网红打卡地扬州中国大运河博物馆到线上线下无处不邂逅的"水韵江苏"宣传片,打造了大量有影响力、符合江苏各地市场定位的文旅品牌活动。

尽管在整合品牌、打造地方老字号、塑造品牌故事方面,江苏省已取得了不俗成绩,但地方品牌在数字化建设中仍有较大提升空间,少数地方品牌项目初步实现了"点、线、面"三位一体式文旅资源整合架构,形成了地方品牌数字文旅资源整合平台的雏形,但其余项目均未实现品牌信息资源整合与展示,导致无法充分发挥地方文旅资源在推进品牌推介与展销、提升品牌认知度、赋能精神文明建设等方面的巨大潜力。

整合江苏省多模态、多类型的文旅数据是提高品牌信息资源利用率的关键。地方文献、互联网文本、音视频资料等多种形式的数据均可提供不同角度和层面的品牌信息。如地方文献可反映当地文旅品牌的历史渊源和发展脉络;互联网文本可揭示消费者对文旅品牌的评价和反馈;音视频资料可展示文旅品牌形象、宣传品牌活动。通过整合上述多模态数据资源,可使用户更加全面地了解文旅品牌建设现状和发展潜力,为品牌发展决策提供有力支持。在具体的策略上,可以采用自然语言处理技术和大数据分析方法实现数据的有效整合。自然语言处理技术可帮助提取和理解文本信息中的关键词、实体信息和情感倾向信息,从而有效挖掘与文旅品牌相关的重要信息;大数据分析方法可快速处理和分析海量数据,发现潜在规律和趋势。这些技术的应用将极大地提高数据整合与利用的效率,为文旅品牌战略制定和市场推广提供科学依据。

采用层次化信息资源组织架构,按照"点、线、面"三个层级进行信息组织。其中:"点"指独立的文旅品牌故事及其素材;"线"指线性串联不同文旅品牌故事的故事线;"面"指基于某一具体检索维度,将不同文旅品牌故事相互连接的非线性品牌故事架构。在"点"层级中,可将每个文旅品牌的故事、历史、理念、产品特点等信息作为独立的"点"进行组织。这些"点"可以是文本、图片、视频或其他多媒体形式的素材。应精心整理每个品牌的信息并进行分类,便于用户快速获取所需品牌信息。在"线"层级中,应将不同文旅品牌的故事和信息按照时间顺序或逻辑关系进行串联。这种线性的信息组织方式可以帮助用户了解品牌的发展历程和变化趋势。故事线可以通过时间轴、品牌发展历程图、事件关联等形式呈现，使用户能够更好地认识品牌的发展演进过程。在"面"层级中，可根据用户的需求和关注点将不同文旅品牌的故事以非线性方式进行组合和呈现。如可按照产品分类、品牌定位、市场领域等维度将具有相似特点或相互关联的品牌故事组织在一起。这种非线性的信息组织方式可为用户提供多角度的品牌信息，帮助其深入了解品牌的全貌和特色[1]。

三、在突出地方特色基础上吸纳多方融合经验

目前江苏文旅融合同样面临着显著困境，文旅融合路径的趋同、地方特色挖掘度不足、文旅需求低迷等都将阻滞文旅融合的持续推进。例如，和苏州自身突出的旅游资源和外部投资条件相比，本地需求水平仍然偏低，从需求端限制了具有高收入弹性特征的非贸易品产业部门，如文化创意产业、旅游产业的发展，成为苏州旅游与国际其他城市竞争的最大劣势。形成这一问题的原因可能在于，有些城市旅游管理体制不顺，不同程度地造成资源管理分散，无法形成合力，缺乏核心竞争力，或是有的地方囿于城市体量，文旅项目招引困难，导致新兴业态、创新业态缺乏，对青年人群吸引力不强。为此，江苏省及各地都应在突出地方特色的基础上，吸纳其他地区、省份的文旅融合经验，及时调整文旅融合路径，在寻找差距的基础上锚定新的文旅融合增量。

一方面，江苏省各地将在省域范围内吸纳有益的文旅融合经验。例如镇江致力于学习苏州打造"姑苏八点半"的经验，围绕"镇江夜美好"这一夜经济品牌，以西津渡景区、千华古村景区为试点着力打造文旅夜间消费集聚区，全力推进全域旅游的建设。此外，江苏省将致力于围绕同一 IP，基于不同地域的地方特色，打造多面联动的综合性文旅融合项目。以西游文化作为文旅融合突破口的连云港便在深入挖掘西游文化的基础上，还把山海文化、徐福文化、水晶文化、淮盐文化等历史文化资源融入城市规划和建设中，丰富扩大优质的文化旅游产品供给和服务，激发文化和旅游消费，彰显"大圣故里·西游胜境"神奇浪漫之都的城市旅游形象。

另一方面，江苏省各地也将吸纳文旅经验的落脚点放到省外乃至国际视野

---

[1] 寿建琪. 文旅融合视域下地方品牌信息资源数字化建设现状与策略[J]. 图书馆工作与研究，2023(S1)：3-8.

中。其策略一是在寻找文旅融合道路相似性的基础上寻求新的突破,因为相邻、相近,一些城市坐拥相似的资源,业态竞争、长三角其他旅游名城的虹吸等在所难免。比如,提到古镇,人们会想到苏南和浙江、上海一众城市。但是在这过程中,江苏省及其各个城市也能从中学习杰出的数字化策略和经验,例如徐州对标的城市是同为汉文化历史名城的陕西汉中。尽管汉中整体GDP不如徐州,却打造出令人叫好的"兴汉胜境",这帮助徐州提出了"快哉徐州"这一新的城市文旅品牌,依托交通便利、客源众多的优势,在发展汉文化产业上求突破,使汉文化实现物态化、活态化、业态化。其策略二是在对外合作中提升产业"话语权"。2019年10月,扬州市与法国奥尔良市联合发布双城合作标准《国际游客淮扬美食品鉴与服务指南》,成为国内首个美食品鉴与服务的地方标准,将文化和旅游有机结合,擦亮了传统"老字号"金字招牌。

尽管如此,目前省域间和市域间的特色及其合作机制并不鲜明。未来,江苏省一方面应立足省内文旅特色,建设一批特色旅游小镇、休闲旅游度假区等沿海旅游休闲新基地,共同进行产品开发、线路营销,不断整合新资源、推出新政策、策划新活动、提供新服务,另一方面也应打开跨域视野,抓住用好大运河文化带建设、长江经济带发展、长三角一体化发展和向海发展、苏北高铁贯通等叠加机遇,以省域宜居宜业宜游为目标,以江河湖海为脉络,推动沿江、沿大运河、沿海、环太湖地区因地制宜发展特色旅游,努力打造一批世界级、国家级旅游景区、度假区和旅游廊道。